经营性国有资产集中统一监管研究

胡晓明　著

中国财经出版传媒集团
中国财政经济出版社

图书在版编目（CIP）数据

经营性国有资产集中统一监管研究／胡晓明著．――北京：中国财政经济出版社，2021.11
ISBN 978-7-5223-0799-2

Ⅰ.①经… Ⅱ.①胡… Ⅲ.①国有资产管理－监督－研究－江苏 Ⅳ.①F123.7

中国版本图书馆 CIP 数据核字（2021）第 190943 号

责任编辑：武志庆　刘孺泾　　　　责任校对：胡永立
文稿统筹：刘孺泾　　　　　　　　责任印刷：张　建

经营性国有资产集中统一监管研究
JINGYINGXING GUOYOU ZICHAN JIZHONG TONGYI JIANGUAN YANJIU

中国财政经济出版社 出版

URL：http：//ckfz.cfeph.cn
E – mail：cfeph@ cfeph.cn

（版权所有　翻印必究）

社址：北京市海淀区阜成路甲28号　邮政编码：100142
营销中心电话：010 - 88191537
天猫网店：中国财政经济出版社旗舰店
网址：https：//zgczjjcbs.tmall.com
北京中兴印刷有限公司印刷　各地新华书店经销
成品尺寸：170mm×240mm　16 开　10.5 印张　167 000 字
2021 年 11 月第 1 版　2021 年 11 月北京第 1 次印刷
定价：45.00 元
ISBN 978 - 7 - 5223 - 0799 - 2
（图书出现印装问题，本社负责调换）
本社质量投诉电话：010 - 88190744
打击盗版举报热线：010 - 88191661　　QQ：2242791300

前　　言

受历史、管理体制等因素影响，党政机关和事业单位沉淀了一笔总体数量可观、个体规模小而散的经营性资产，因多头监管、政企不分、政资不分等原因，这部分国有资产极易出现流失、腐败等问题。另外，与其他类型经营性国有资产有所不同，党政机关和事业单位作为出资人的部分经营性国有资产，与监管机构保持着一定距离，很难受到集中统一监管政策的影响。这与我国现行的国有资产分类管理体制息息相关，各级国资委对本级政府所有金融资产、文化资产等庞大资产缺乏出资管理权限，这一权力依旧分散在各个部门手中。对此，国务院国有资产监督管理委员会曾明确改革和完善国有资产管理体制的总体要求和措施，积极探索经营性国有资产的集中统一监管模式。

2018年以来，中共中央及国务院多次发文，明确改革和完善国有资产管理体制的总体要求和措施，积极探索经营性国有资产的集中统一监管模式，通过改组组建国有资本投资、运营公司，构建国有资本投资、运营主体，改革国有资本授权经营体制，完善国有资产管理体制，实现国有资本所有权与企业经营权分离，实行国有资本市场化运作。

党政机关和事业单位经营性国有资产，应包括党政机关所办企业、事业单位所办企业、从事生产经营活动的事业单位以及其他事业单位的经营性国有资产。经营性国有资产监管研究主要是基于交易费用理论、委托代理理论、公共利益理论、市场失灵理论、信息不对称理论、监管俘获理论、政府失灵理论、公共财政理论等基础理论依据以及政府经济职能理论、政府职能转变理论、国有企业产权理论、国有资产监管理论等监管理论依据。

国有资产监管体制不断变迁，经历了国有资产监管体制初步形成阶段、国有资产监管权分散行使阶段、以管企业为主的国资监管阶段、以管资本为主的国资监管阶段。国有资本出资人职责不断明确，国务院和地方人民政府依据法律、行政法规的规定，分别代表国家对国家出资企业履行出资人职责，享有出资人权益，国有资本运营和投资公司的建立将促使国有资产管理体制由原来的国资委管人、管事、管企业转为以管资本为主。国有资产监管机构职责不断明确，国有资产监管机构根据授权代表本级人民政府对监管企业依法履行出资人职责，重点管好国有资本布局、规范资本运作、提高资本回报、维护资本安全，更好地服务于国家战略目标，实现保值增值。国有资产监管改革不断深化，通过明确国有资本授权方式，政府（国务院或地方人民政府）授权国资、财政及其他部门、机构作为出资人代表机构，对国家出资企业履行出资人职责；出资人代表机构作为授权主体，根据国家出资企业具体定位和实际情况，授权国家出资企业履行出资人职责；国家出资企业对授权范围内的国有资本履行出资人职责。

世界各国的国资管理模式多种多样，但总体上主要特征为：由财政部门实行"出资人"职能、分类监管国有资产、健全国有资产监管法律制度、中央与地方适度分权、国有企业市场化和民营化。经过长期的探索和实践，我国逐步建立起统一的、分层次的国有资产管理体制，目前大多数地区采用的都是"国有资产监管机构—中间层公司—国有企业"这样的"三层次"监管层级架构。

截至2017年底，江苏省党政机关和事业单位经营性国有资产的省级主管部门共50个、事业单位共195个、出资企业共971户（其中一级企业351户、二级企业281户、三级企业339户）。截至2018年6月，江苏省省级主管部门所属事业单位办企业共1514户，2017年底资产总额为353.51亿元，净资产为161.02亿元，归属于省级事业单位国有份额的净资产为98.92亿元。江苏省党政机关和事业单位经营性国有资产存在企业经营不善、企业缺乏独立经营能力、主管部门管理不规范等问题。江苏省党政机关和事业单位经营性国有资产的监管难点有：监管主体不够明确，监管效率受到影响；"政企不分，政资不分"，权责边界不够清晰；资产监管手段缺乏、资产监管效果受限；出资企业权属复杂，资产质量参差不齐；事企人财物混用，人员安置问题复杂。

前言

2019年初,课题组承担了江苏现代财税治理协同创新中心"党政机关事业单位经营性国有资产的统一监管研究"委托项目。项目的完成历经了一年时间,项目组成员先后到20余家省级主管部门、事业单位和企业开展调研座谈,邀请两批次会计领军班的优秀学员代表集中研讨,并请财政部、江苏省国资委、南京市财政局等专家解读制度、答疑解惑。2020年1月,项目在江苏省财政厅召开评审鉴定会。会议邀请了国内知名企业和中心相关研究领域的专家学者对项目进行评审,由南京大学管理学院院长王跃堂教授任专家组组长。江苏省财政厅副厅长赵光,南京财经大学副校长、中心副理事长华仁海出席会议。江苏省财政厅相关处室、项目组主要成员参加会议。会议听取了结题报告,与会专家认为,项目的选题具有很大的意义,研究的目的性强,研究思路清晰;项目对政策研究较为透彻,分析深入、建议全面、成果落地,有很好的实用价值;希望后续做好项目成果的深化工作,将项目成果真正落实到国有资产运营公司改革的实践,为进一步实质性推进国有资产管理改革提供了有益参考;并一致认为课题成果均达到结项要求,通过验收。该项目研究成果"江苏省党政机关和行政事业单位经营性国有资产统一监管实施方案"获得江苏省政府主要领导的批示。

本书构建了党政机关事业单位经营性国有资产的统一监管框架,在对江苏省党政机关和事业单位经营性国有资产进行全面核查的基础上,发现存在问题,把握监管难点,提出了以"明确责任、创新体制、分类施策、稳妥推进"为基本原则的改革实施方案设想,从监管主体、组建国有资本运营公司、监管范围、分类推荐改革四个方面明确了监管内容。江苏省财政厅对省级机关单位的经营性国有资产履行集中统一监管职责,在试点阶段,符合条件的省级机关单位所办企业应纳入国有资本运营公司实施集中统一监管;暂未纳入集中统一监管平台的经营性资产,包括暂维持现行管理体制的特殊企业以及其他事业单位的经营性国有资产,如从事生产经营活动事业单位转企改制的以及省级机关单位中后勤服务类、培训疗养类、检验检测类等单位等。应接受财政监管,通过稳步推进方式,分步纳入集中统一监管框架体系。

本书的完成要感谢江苏省财政厅资产处李蔚副处长、陈扬副处长、周宇科长大力支持与合作,感谢给我们提供帮助各位专家学者,感谢南京财经大学会计学院院长姚文韵教授协调、参与以及对专著出版的关心，感谢课题组成员南京财经大学会计学院徐建玲教授、朱海涛副教授、丁乙博士的工作以及庄翔、种林、吴磊、施冰一等硕士研究生的资料整理，还要感谢中国财政经济出版社的大力配合和厚爱。

胡晓明

2021 年夏于南京

目　　录

第一章　绪　论 ··· 1
　　一、研究背景 ··· 2
　　二、研究意义 ··· 3
第二章　基本理论 ·· 5
　　一、党政机关和事业单位 ·· 6
　　二、事业单位国有资产的分类标准 ·· 7
　　三、经营性国有资产 ··· 9
　　四、经营性国有资产按资产权属关系分类 ·· 13
　　五、经营性国有资产按领导部门层级分类 ·· 14
　　六、经营性国有资产监管相关理论 ··· 15
第三章　制度背景 ·· 27
　　一、国有资产监管体制的转变 ··· 28
　　二、国有资本出资人 ·· 35
　　三、国有资本监管机构 ··· 40
　　四、国有资产监管类型与要求 ··· 46
第四章　监管模式 ·· 53
　　一、国外经营性国有资产集中统一监管模式 ····································· 54
　　二、国内经营性国有资产集中统一监管模式 ····································· 77
　　三、国外国有资产监管模式经验与借鉴 ··· 92
第五章　江苏省经营性国有资产现状及监管难点 ···································· 95
　　一、基本情况 ·· 96

二、存在问题 …………………………………………………… 110
　　三、监管难点 …………………………………………………… 111

第六章　江苏省实施经营性国有资产监管改革方案设想 ………… 115
　　一、总体要求 …………………………………………………… 116
　　二、江苏省党政机关和事业单位国有资产监管总体框架 ……… 117
　　三、江苏省党政机关和事业单位国有资产集中统一监管内容 … 119
　　四、工作要求 …………………………………………………… 122
　　五、关于文件印发形式 ………………………………………… 124

第七章　政策建议 …………………………………………………… 125
　　一、统一监管主体，更新管理理念 …………………………… 126
　　二、分类授权放权，提升行权能力 …………………………… 127
　　三、明确权责边界，完善公司治理 …………………………… 128
　　四、优化用人机制，妥善安置人员 …………………………… 129
　　五、分类处置资产，开展摸底调查 …………………………… 130

附录 …………………………………………………………………… 132

主要参考文献 ………………………………………………………… 156

第一章
绪　论

一、研究背景

党的十八大（特别是党的十九大）以来，习近平总书记对国资国企做出一系列重要指示、批示，指出要完善各类国有资产管理体制，改革国有资本授权经营体制，以国有资本投资、运营公司为平台，推动国有资本投向符合国家战略的领域，提高国有资本运作效率和水平；强调国有资产资源来之不易，是全国人民共同的财富，要按照国家集中统一监管的要求，推进中央党政机关和事业单位办企业的清理整顿，防止国有资产流失。

党政机关和事业单位所办企业历史成因复杂，改革难度大。自1998年以来，国务院就已启动中央党政机关与所办经济实体和管理的直属企业脱钩改革，距今已20年，但一直未能有效推进。从中央及江苏省党政机关和事业单位所办企业情况看，暴露出政企不分、政资不分、政事不分等方面的弊端，主要表现在：国有资本分布较广，布局不尽合理；监管制度体系不完善，执行尺度不统一；产权关系不清晰，管理不到位；历史遗留问题多，企业办社会负担重等。受历史、管理体制等因素影响，党政机关和事业单位沉淀了一笔总体数量可观、个体规模小而散的经营性资产，这部分国有资产极易出现流失、亏空等问题。另外，与其他类型经营性国有资产有所不同，党政机关和事业单位作为出资人的部分经营性国有资产一直缺乏专业监管机构的统一监管，无法及时体现国家经济改革政策导向。这与我国现行的国有资产分类管理体制息息相关，各级国资委对本级政府所有金融资产、文化资产等庞大资产缺乏出资管理权限，这一权力依旧分散在各个部门手中。

对此，中共中央及国务院曾多次发文（中办发〔2018〕44号、国发〔2018〕23号、国发〔2019〕9号），明确改革和完善国有资产管理体制的总体要求和措施，积极探索经营性国有资产的集中统一监管模式。《关于推进中央党政机关和事业经营性国有资产集中统一监管试点的实施意见》（中办发〔2018〕44号）要求，按照政企分开、政资分开、所有权与经营权分离的要求，理顺中央党政机关和事业单位与所办企业关系，搭建国有资本运作平台，优化国有资本布局结构，提高国有资本配置和监管效率，稳步将中央党政机关和事业单位所办企业的国有资本纳入经营性国有资产集中统一监管体系。《国务院关于推进国有资产投资、运营公司改革试点的实施意见》（国发〔2018〕23号）要求，通过改组组建国有资本投资、运营公司，构建国有资本投资、运营主体，改革国有资本授权经营体制，完善国有资产管理体制，实现国有资本所有权与企业经营权分离，实行国有资本市场化运作。

中央和地方国有资产管理部门积极落实国有资本投资、运营公司改革试点，推进党政机关和事业单位经营性国有资产集中统一监管试点。在中央层面，2018年9月，财政部党组成员、时任部长助理许宏才主持召开专题改革任务部署会；2018年底，财政部制定了国有资本投资公司组建方案；2019年6月底前，财政部负责组建的国有资本投资或者运营公司应当成立，试点单位所办企业应当基本实现集中统一监管。在地方层面，上海、山东、云南、河北等多省市也已陆续推进党政机关和事业单位经营性国有资产集中统一监管改革试点。江苏省"事改企"改革自2018年5月开始，要求2019年底前完成改革任务；江苏省高等学校所属企业体制改革自2019年1月起试点，要求2022年原则上基本完成改革任务。

二、研究意义

为了深入贯彻习近平总书记指示精神，规范和加强行政事业单位国有资产管理，冲破利益固化的藩篱，江苏省拟成立国有资本运营公司，江苏省财政厅作为履行国有资本出资人职责的部门及机构（以下简称"出资人代表机构"），实现党政机关和事业单位经营性国有资产的集中统一监管，以管资本为主完善国有资产管理体制。江苏省"事改企"改革自2018年5月开始，要求2019年底前完成改革任务；江苏省高等学校所属企业体制改革自2019年1月起试点，要求2022年原则上基本完成改革任务。如何适应江苏省基本情况，建立富有创新性和示范效应的江苏省机关单位经营性国有资产集中统一监管体系，值得研究和探索。

　　近年来，行政事业单位资产管理工作取得明显成效，确立了"国家统一所有，政府分级监管，单位占有、使用"的管理体制，初步构建了管理制度框架，逐步规范资产配置、使用、处置等各环节管理。新形势下，推进党政机关和事业单位经营性国有资产集中统一监管改革，是进一步深化国有企业改革的重要举措。通过改革，能够理顺党政机关和事业单位与所办企业的关系。一方面，转变政府职能，创新体制机制，落实政企分开、政资分开、所有权与经营权分离，实现企业健康发展和经营性国有资产保值增值，促进国家公共事业协同发展；另一方面，依法落实企业法人财产权和经营自主权，建立健全具有中国特色现代国有企业制度，形成有效制衡的法人治理结构和灵活高效的市场化经营机制，持续"瘦身健体"、提质增效，实现高质量发展。同时，通过搭建国有资本运作平台，优化国有资本布局结构，落实以管资本为主加强国有资产监管，改革国有资本授权经营体制有助于明确责任、强化监督，实行国有资本市场化运作，促进国有资本合理流动，优化国有资本投向，更好地服务国家战略需要。

第二章
基本理论

一、党政机关和事业单位

（一）党政机关

中共中央办公厅、国务院办公厅联合印发的《党政机关公文处理工作条例》（中办发〔2012〕14号），第一条对党政机关进行了定义：为了适应中国共产党机关和国家行政机关（以下简称"党政机关"）工作需要，推进党政机关公文处理工作科学化、制度化、规范化而设置的机构。狭义上它是指中国共产党机关和国家行政机关。广义上，它包括党的机关、人大机关、行政机关、政协机关、审判机关、检察机关；也包括各级党政机关派出机构、直属事业单位及工会、共青团、妇联等人民团体。

（二）事业单位

事业单位是指由国家行政机关举办，受国家行政机关领导，没有生产收入、所需经费由公共财政支出、不实行经济核算、主要提供教育、科技、文化、卫生等活动非物质生产和劳务服务的社会公共组织，事业单位接受政府领导，是表现形式为组织或机构的法人实体。事业单位是政府履行社会公共服务工作的重要机构，同样也是相应公共服务与公共产品的主要承载体，其在促进经济高质量发展、维护社会公平稳定以及改善人民生活综合水平等方面发挥着举足轻重的作用。事业单位一般是国家设置的带有一定的公益性质的机构，但不属于政府机构。据不完全统计，目前我国有126万家事业单位，共计3000多万个正式职工，另有900万离退休人员，总数超过4000万人。根据国家事业单位分类改革精神，事业单位不再分为全额拨款事业单位、差额拨款事业单位，而按社会功能可分为承担行政职能的事业单位、从事生产经营活动、承担公益类事业单位（包括公益一类、公益二类）；目前还新兴了利用国有资产举办的事业单位和社会资本举办事业单位，该类属于国家不拨款的事业单位。

2012年4月，中共中央、国务院公布了《中共中央国务院关于分类推进事业单位改革指导意见》，明确了改革的原则，提出了改革的总目标和阶段性目标，要求到2020年建立起功能明确、治理完善、运行高效、监督有力的管理体制和运行机制，形成基本服务优先、供给水平适度、布局结构合理、服务公平公正的中国特色公益服务体系。

二、事业单位国有资产的分类标准

（一）按拨款方式分类

事业单位按拨款方式划分为三大类：全额拨款事业单位、差额拨款事业单位、自主事业单位。

1. 全额拨款事业单位

全额拨款事业单位（也称为"全供事业单位或全额预算管理的事业单位"）是其所需的事业经费全部由国家预算拨款的一种管理形式。这种管理形式，一般适用于没有收入或收入不稳定的事业单位，如学校、科研单位、卫生防疫、工商管理等事业单位，即人员费用、公用费用都要由国家财政提供。采用这种管理形式，有利于国家对事业单位的收入进行全面的管理和监督，也使事业单位的经费得到充分的保证。

2. 差额拨款事业单位

差额拨款事业单位是指按差额比例，财政承担部分，由财政列入预算；单位承担部分，由单位在税前列支，如医院等。差额拨款单位的人员费用由国家财政拨款，其他费用自筹。这些单位的人员工资构成中固定部分为60%，非固定部分为40%。按照国家有关规定，差额拨款单位要根据经费自主程度，实行工资总额包干或其他符合自身特点的管理办法，促使其逐步减少国家财政拨款，向经费自收自支过渡。

3. 自主事业单位

自主事业单位是国家不拨款的事业单位，又称为"自收自支事业单位"。自收自支事业单位作为事业单位的一种主要形式，是所在单位依据政府，或物价部门的批准自己收取各项行政性收费，然后按当地财政核定的比例留成部分资金用于本单位的日常开支及工资发放。

（二）按社会功能分类

1. 承担行政职能的事业单位

承担行政职能的事业单位是指在事业单位中承担行政决策、行政执行以及监督等职能的事业单位。改革方向是将这类单位划归到相应行政机关承担。今后，这类单位不再参公，也就是不再设立承担行政职能。

2. 生产经营类事业单位

生产经营类事业单位是指为社会提供有偿服务获得收入的自收自支单位，按企业模式发展，参与社会竞争，自负盈亏，国家财政不再负担人头经费。这部分单位改革方向则是改制为企业，实行管办分离、事企分开，经改革后，这类单位自收自支、自定自筹编制撤销。

3. 公益类事业单位

公益类事业单位，又分为公益一类、公益二类。

（1）公益一类事业单位。公益一类事业单位是指承担义务教育、基础项科研、基本医疗等公益服务的事业单位，不宜由市场配置资源，所以改革方向是保留，以公益服务为主，财政全额支出。属于公益一类的事业单位业务活动的宗旨目标和内容、分配的方式和标准等由国家确定，不得开展经营活动，其经费需由国家财政予以支撑。履行职责依法取得的收入或基金要上缴国库或财政专户，实行"收支两条线"管理。对这类事业单位的机构编制要从严控制，并加强监督和管理，使其不断提高服务质量和社会效益。

（2）公益二类事业单位。公益二类事业单位是指面向全社会提供涉及人民群众普遍需求和经济社会发展需要公益服务的事业单位。政府予以支持，可部分实现由市场配置资源的事业单位，以及主要为政府履行职能提供支持保障的事业单位。这类单位按照国家确定的公益目标和相关标准开展活动，在确保实现公益目标的前提下，可依法开展相关的经营活动，依法取得的经营性收入主要用于公益事业发展。属于公益二类的事业单位根据国家确定的公益目标，自主开展相关业务活动，并依法取得服务收入，其服务价格执行政府定价或政府指导价。在完成规定任务的基础上，其可依法开展相关的经营活动。服务收入和经营收入属于政府非税收入的按规定纳入财政管理，实行"收支两条线"。公益事业发展所需经费由财政根据不同情况予以相应补助。对这类事业单位要统筹规划，合理布局，科学核定人员编制。要加大政府约束和社会监督力度，进一步保证其公益目标的实现和服务质量的提高。

本研究关注对象主要是指生产经营类事业单位、公益二类事业单位。

三、经营性国有资产

（一）经营性国有资产概念界定

根据《江苏省行政事业单位国有资产管理办法》（2014年）规定，行政事业单位国有资产，是指属于国家所有，由行政、事业单位占有、使用的流动资产、固定资产、无形资产等各种经济资源。《市场经济学大辞典》对国有资产的定义："国有资产是指以各种形式投资以及其收益、拨款、接受捐赠、借助国家权力取得或者依照法律认定的各种类型的财产或财产权利"。党政机关和事业单位国有资产包括经营性和非经营性两类，什么是经营性国有资产？从广义来看，党政机关和事业单位经营性国有资产是指各级党政机关和事业单位通过出租、出借的方式，以及事业单位通过对外投资、担保和创办经济实体的方式，从事生产经营活动，以赚取利润或者投资收益为目的的所有国有资产；是能够直接为社会创造使用价值和价值以及为实现这些价值服务，并以盈利为目的的国有资产。

中办发〔2018〕44号的出发点就是，为了进一步深化党政机关和事业单位所办企业改革，推进经营性国有资产集中统一监管。因此，狭义上，站在经济实体的角度看，党政机关和事业单位经营性国有资产，是指由党政机关和事业单位所办企业占有、使用的，以市场配置为主，用于生产经营的资产，也称为"企业国有资产"。《中华人民共和国企业国有资产法》（2008年修订）指出，企业国有资产是指国家对企业各种形式的出资所形成的权益。

基于经营性国有资产概念，我们认为，机关单位经营性国有资产应包括党政机关所办企业、事业单位所办企业、从事生产经营活动的事业单位以及其他事业单位的经营性国有资产。

该概念的政策依据可以概括为以下几点。

（1）非经营性资产是指行政事业单位为完成国家行政任务和开展业务活动所占有、使用的资产。经营性资产是指行政事业单位在保证完成本单位正常工作的前提下，按照国家有关政策规定用于从事生产经营活动的资产。这部分内容主要依据《行政事业单位国有资产管理办法》（1995年2月，国有资产管理局、财政部联合下定），根据《财政部关于公布废止和失效的财政规章和规范性文件目录（第十批）的决定》（2008年财政部令第48号规定，该文件已经废止）。

（2）行政单位不得以任何形式用占有、使用的国有资产举办经济实体。在本办法颁布前已经用占有、使用的国有资产举办经济实体的，应当按照国家关于党政机关与所办经济实体脱钩的规定进行脱钩。依据《行政单位国有资产管理暂行办法》（2008年财政部令第35号），行政单位拟将占有、使用的国有资产对外出租、出借的，必须事先上报同级财政部门审核批准。行政单位出租、出借的国有资产，其所有权性质不变，仍归国家所有；所形成的收入，按照政府非税收入管理的规定，实行"收支两条线"管理。

（3）《事业单位国有资产管理暂行办法》（2008年财政部令第36号）规定，（事业单位）办理本单位国有资产配置、处置和对外投资、出租、出借和担保等事项的报批手续；负责本单位用于对外投资、出租、出借和担保的资产的保值增值，按照规定及时、足额缴纳国有资产收益；负责本单位存量资产的有效利用，参与大型仪器、设备等资产的共享、共用和公共研究平台建设工作。

(4)《江苏省行政事业单位国有资产管理办法》(2014年江苏省人民政府令第95号)指出,行政事业单位国有资产的使用包括自用、出租、出借以及事业单位利用国有资产对外投资、担保等行为。行政单位不得利用国有资产对外投资、担保或者举办经济实体。法律、行政法规另有规定的除外。

(5)《关于进一步规范和加强行政事业单位国有资产管理的指导意见》(财资〔2015〕90号)明确,行政事业单位对资产出租、出借和对外投资行为及其收益实现有效监管。

(6)财政部《关于印发〈关于从事生产经营活动事业单位改革中国有资产管理的若干规定〉的通知》(财资〔2017〕13号)规定,经营类事业单位权属关系不明确或者存在权属纠纷的资产,须在权属界定明确后处置。资产权属关系确难以明确,或历史资料不齐全,或依据现行法律法规和历史文件材料无法判断资产产权归属的,暂按国有资产管理。

(7)财政部《关于印发〈关于从事生产经营活动事业单位改革中国有资产管理的若干规定〉的通知》(财资〔2017〕13号)规定,经营类事业单位自改革方案批准之日起至改革完成之日止,原则上其资产不得用于对外投资、抵押、担保等可能影响资产权属关系的活动。

(二)经营性国有资产按资产所属企业性质分类

经营性国有资产按资产所属企业性质可以分为全资企业、控股企业和参股企业。

1. 全资企业

全资企业是指最终出资方法人都是国有的企业。这类型企业有以下特征。

(1)全部资本由国家投入。公司的财产权源于国家对投资财产的所有权。国有独资公司是一种国有企业。

(2)股东只有一个。依据《中华人民共和国公司法》(以下简称《公司法》)第六十五条规定,国有独资公司是国家单独出资、由国务院或者地方人民政府授权国资委或其他部门履行出资人职责的公司,其下属的全资子公司的出资者不是国资委,为法人独资,法人格独立,其财产独立于国家财产,所以不是国有独资公司,不能层层的扩展下去。它不同于由两个以上国有企业或其他国有单位共同投资组成的公司。尽管后者各方投资的所有权仍属于国家,公司资本的所有制性质未发生变化,但公司的投资主体及股东却为多个,具有多个不同的利益主体。

(3)公司投资者承担有限责任。虽然国有独资企业的投资者是国家,但国家仅以其投入公司的特定财产金额为限对公司的债务负责,而不承担无限责任。这不同于个人独资企业,也不同于具有负无限责任。

(4)性质上属于有限责任公司。国有独资公司按公司形式组成,除投资者和股东人数与一般公司不同外,其他如公司设立、组织机构、生产经营制度、财务会计制度等均与有限责任公司的一般规定与特征相同或相近,只是我国《公司法》规定,国有独资公司下不设股东会,由国家授权投资的机构或国家的授权部门授权公司董事会行使股东大会的部分职权,决定公司的重大事项,但公司的合并、分立、解散、增减资本和发行债券,必须由国家授权投资的机构或者国家授权的部门决定。

(5)国有独资公司和一人有限责任公司是特殊形式的有限责任公司。

2. 控股企业

控股企业是指通过持有某一企业一定数量的股份,而对该企业进行控制的企业。按照《企业国有资产交易监督管理办法》第四条的具体解释:国有控股企业、国有实际控制企业是指政府部门、机构、事业单位独立或共同、直接或间接合计拥有产(股)权比例超过50%,且其中之一为最大股东的企业,以及由国有全资企业及前述国有控股企业对外出资,拥有股权比例超过50%的各级子企业。同时还包括政府部门、机构、事业单位、单一国有及国有控股企业直接或间接持股比例未超过50%,但作为第一大股东,并且通过股东协议、公司章程、董事会决议或者其他协议安排能够对其实际支配的企业。控股企业按控股方式,分为纯粹控股企业和混合控股企业。纯粹控股企业不直接从事生产经营业务,只是凭借持有其他企业的股份,进行资本营运。混合控股企业除通过控股进行资本营运外,也从事相应生产经营业务。按控股比例,它分为绝对控股、相对控股和安全控股三种形式。绝对控股是指股权比例在三分之二以上，在修改公司章程/分立、合并、变更主营项目、重大决策等特别决议事项上享有绝对权力，相当于全资；相对控股是指股权比例在二分之一以上，在决定公司经营方针和投资计划、利润分配或弥补亏损以及董事、监事任免及报酬等普通决议事项上享有绝对权力；安全控股是指股权比例在三分之一以上，拥有对公司的重大事项进行一票否决权。

3. 参股企业

参股企业是指国有参股的企业以及全资、控股子公司参股的企业。这些企业与一般竞争性企业相同没有强制性社会公共目标，政府参股也只是壮大国有资产实力。在这部分企业中，政府只是普通的参股者，不一定真正控制一个企业。参股只是在被投资企业中有投资，并未突出强调所占股权比例及是否有控制权或实际影响力。

四、经营性国有资产按资产权属关系分类

经营性国有资产按资产权属关系可分为一般营利性企业、与本部门或单位公共事业协同发展的企业、部分"特殊企业""僵尸企业""空壳企业"等。

1. 一般营利性企业

一般营利性企业主要是指党政机关和事业单位直接兴办与行使公共职能或发展公共事业无关的企业。

2. 事业协同发展的企业

事业协同发展企业是指与本部门或单位公共事业协同发展的企业，特指电力、供水、废物处理、污水处理、燃气供应、交通、通信等相关企业。

3. 部分特殊企业

部分特殊企业主要分为两类：第一类是新闻宣传、文化类企业；第二类是外交、国防、政法、金融等领域承担国家特殊任务的企业，以及

经党中央、国务院批准的其他特殊企业。

4. 僵尸企业

僵尸企业是指已停产、半停产、连年亏损、资不抵债，丧失自我发展能力，必须依赖非市场因素即政府补贴或银行续贷来维持生存的企业。尽管这些企业不产生效益，但依旧占有土地、资本、劳动力等要素资源，严重妨碍了新技术、新产业等新动能成长。

5. 空壳企业

空壳企业是指在特定历史条件下由事业单位成立的企业，开办单位未实际拨付注册资本，但为企业的成立提供了人、财、物的支持，并对人、财、物进行了监管，企业在实际运作中也享受了国家对国有企业在税收等方面的政策支持，实际经营人也未进行投资的企业。

五、经营性国有资产按领导部门层级分类

我国经营性国有资产主要分为工商、金融、文卫、军工涉密四大类企业，按领导部门层级可分中央层面、省级和地市级经营性国有资产。

1. 中央层面经营性国有资产

（1）由国务院国资委履行出资人职责的部分大型企业集团，基本属于工商类企业。

（2）由财政部代表履行出资人职责或国有资产监管职能的企业，包括中央金融企业、中央文化企业以及中国邮政集团公司、中国铁路总公司、中国烟草总公司等企业，涉及领域涵盖金融、文卫、工商等。

（3）由中央有关部门直接管理，财政部负责有关国有资本管理事项的企业，大多属于工商类企业。

（4）军工及涉密企业，由相关部门单位或中央直接管理。例如：中国电科集团、中国兵器工业集团等。

2. 省级经营性国有资产

省级企业国有资产管理体制与中央基本相同，只是金融、文化企业

的监管主体在不同省市之间略有差异,有的是财政部门,有的是国有资产监管部门,有的是地方金融监管部门。例如,华泰证券股份有限公司由江苏省财政厅直接管理。而个别省文化企业是党委宣传部门监管。

3. 地市级经营性国有资产

地市一级基本与省相同,设立了国有资产监管部门,个别没有设立的一般由隶属于财政部门的国资办等二级或内设机构监管。县级一般没有设立国有资产监管部门,由隶属于财政部门的国资办等二级或内设机构监管。

六、经营性国有资产监管相关理论

新常态下,党政机关和行政事业单位对于资金和资产方面的管理提出了更加严格的要求。而经营性国有资产是党政机关和行政事业单位开展公共服务和履行公共职能的基本条件,对经营性国有资产的监管的工作质量将会对行政事业单位的发展产生直接的影响。因此,对经营性国有资产的监管问题的研究是十分有必要的,我们可以从不同的理论入手,并作为对经营性国有资产集中统一监管的研究的理论支撑。

(一)基础理论各个组成部分概述

1. 交易费用理论

交易费用理论是整个现代产权理论大厦的基石。交易费用这一概念最早由罗纳德·科斯(1937)提出。而交易费用这一理论则是由威康姆森(1977)进行了系统的研究和阐释。这一理论最开始的时候仅是针对微观经济进行研究,将企业和市场认为是两种可以进行相互之间的替代的资源配置机制。而当事人的理性行为是具有有限性、机会主义倾向和不确定性,这样的特点导致了高昂的市场交易费用,为了将交易费用加以内化,企业制度在微观领域代替市场机制而成为新型交易形式。所以,交易费用不仅是企业制度产生和存在的基础性原因,还是企业不断优化内部组织方式和治理机制的基本动因。

科斯（1937）所认为的交易费用，指的是用以对产权利益进行衡量、界定和维护的费用：寻找交易对象和发现交易价格的费用，比如一起交易中的双方相互之间讨价还价和签订合同的费用；持有产权方监督严格履行合同条文的费用。经过后续学者的研究和扩展，交易费用的外延被拓宽到企业用于寻找交易对象、谈判、订立合同、执行交易、监督交易等诸多方面的费用支出，其构成部分主要包括搜索成本、谈判成本、签约成本和监督成本等。为了节省交易费用，企业可以通过采用收购、兼并、重组等资本运营方式，将市场内部化，在很大程度上消除市场交易过程中的各种不确定性所带来的风险，从而大大减少交易费用。

杨小凯（2004）运用新古典主义经济学的分析范式，将交易费用分为内生和外生两种基本类型。其中，内生交易费用包括道德风险、逆向选择等要素，说明内生交易费用是指需要运用概率和期望值来进行衡量的潜在的发生损失的可能性。而外生交易费用是指在交易过程中直接或间接发生的，这部分交易费用属于客观存在的实体费用。

在目前已有的研究中，大部分学者认为，交易费用是一种制度费用。张五常（1999）认为，一个好的经济制度能够有效降低协调成本（即节省交易费用），相反，一个存在着明显缺陷的经济制度则会提高社会的协调成本（即增加交易费用）。

在国有资产统一监管体制研究中，学者们常常使用交易费用理论来分析国有资产管理权配置结构安排的优劣，因此交易费用理论是国有资产管理体制机制研究的基础理论之一。

2. 委托代理理论

委托代理理论产生于20世纪30年代，是美国经济学家伯利和米恩斯基于对企业所有者兼具经营者的做法存在的极大的弊端的了解、分析而创立的理论，倡导所有权和经营权分离（即企业所有者保留剩余索取权，将经营权让渡给代理人）。在这种关系下，企业所有者作为出资人，将经营权授予代理人，他们获得的信息是天然的不对称的。因为代理人是后续的经营者，所以在经营过程中出资人获取的经营信息要少于代理人。因为，委托代理理论就是建立在这样的信息不对称上的，目的是委托人如何设计并运用一套激励和约束机制督促代理人实施最大限度地增进委托人利益的行为，以减少代理成本、保证自身利益的实现。

在本书的国有资产的监管研究中，出资人是指国有资产监管部门（即政府），相当于企业所有者，代理人则是资产管理公司。

3. 公共利益理论

施蒂格勒（1971）提出了公共利益理论，认为政府监管是为了抑制市场天然的不完全性来维护公共利益。也就是，在具有公共物品、外部性、自然垄断、不完全竞争、不确定性、信息不对称等市场失灵的状态下，为了挽回市场失灵的负面影响，保护公众利益，由政府对这些行业中的微观经济主体行为进行直接干预，以达到保护社会公众利益的目的。

在本书中，国有资产监管部门的具体监管职责是履行出资人职责，维护国有资产出资人的权益。因此，各国有资产监管部门应当对监管企业的治理结构和生产经营等方面进行监督管理，以促进国有资产保值增值、防止国有资产流失。

4. 市场失灵理论

与公共利益理论大同小异，传统的市场失灵认为在具有公共物品、外部性、自然垄断、不完全竞争、不确定性、信息不对称等市场失灵属性的行业中，市场难以达到资源配置的高效率，为使效率最大化就必须由政府出面进行干预，明确了政府的调控边界。现代的市场失灵理论基于传统观点也认为，应当利用政府干预实现高效的资源配置，且进一步认为社会公平与经济稳定问题也可由政府解决。这实际上是延伸了政府的调控边界，为政府对表达自由的干预提供了合法的基础。政府干预边界的延伸既说明了政府在市场经济中的地位日益凸显，也说明了必须运用其他手段以规范政府行为。

5. 信息不对称理论

信息不对称理论是经济学分析中最为常见的理论之一。它是指在市场经济活动中，不同的人对信息的了解是具有差异性的。在国有资产的监管中，同样存在着信息不对称性。相关研究表明，监管者所获得的信息越多，监管就具有越强的有效性。监管的盲目性主要是由于监管者与被监管者之间存在信息不对称而导致的，在信息传递过程中可能会损耗掉大量有价值的信息进而影响传递效果。信息不对称理论指出了信息对市场经济的重要影响，揭示了市场体系中的缺陷，并指出完全靠自由市场机制不一定会给市场经济带来最佳效果。这个理论强调了政府在经济运行中的重要性，呼吁政府加强对经济运行的监督力度。

6. 监管俘获理论

施蒂格勒（1971）提出，在实际情况中，受监管的企业并没有比不受监管的企业存在更高的效率及更低的价格。佩兹漫（1976）从市场失灵、政府经济监管的有效性和政府监管行为预测这三个层面上完善了监管俘获理论。贝克尔（1983）认为，真正决定政府监管行为的并不是市场失灵，而是利益集团之间的相互影响，因此监管的本质是利益集团的相互竞争。以上研究成果奠定了监管俘获理论的基本框架。监管俘获理论认为，政府作为监管者，它本身也属于理性经济人，在监管过程中存在被利益集团俘获的可能，为少数利益集团谋取超额利润。

因此，监管俘获理论反映出，国有资产监管的代理人也是经济人，存在自己的利益和偏好，为了实现自身利益最大化，有可能被少数利益集团所俘获并成为其代言人（即存在监管者的利益偏好）。

7. 政府失灵理论

政府失灵是与市场失灵相对应的概念。在上文讨论的市场失灵理论中，政府会强制性地介入市场失灵的领域，对市场失灵造成的负面影响进行改善。假如政府能够制定切实有效的经济政策，就可以在很大程度上消除市场失灵对经济运行的不利影响，从而优化资源配置。但如果政府不能合理运用权力、有效地承担且履行这一职责；那么在市场失灵的同时还会出现政府失灵，从而导致更大程度的资源浪费。

因此，在本书对国有资产监管的研究中，政府失灵是指当国有资产监管活动影响到监管行为实施的有效性；或对国有资产管理认识不足，管理理念单薄；或是国有资产管理制度不完善，工作职责不明确等方面的问题，致使管理效率低下的问题。

8. 公共财政理论

公共财政就是市场经济下的政府财政，其主要内容是在市场失灵的情况下，必须依靠市场以外的力量，即政府的力量来填补由于市场失灵所带来的公共产品的空白。而政府提供公共产品的领域仅限于公共服务。

公共财政与国有资产之间存在着非常紧密的多重内在联系。大多数类别的国有资产的初始来源大多来自财政预算支出。而经营性和公务性国有资产出租出售所得，公共物品使用费，资源性国有资产开采权、使用权收入等，则要纳入国库成为财政收入的重要组成部分。因此，公共财政理论对国有资产及其管理具有很强的解释力，从而成为国有资产及其管理研究不可或缺或者说极为重要的基础理论。毛程连（2002）认为，公共财政理论，特别是作为其核心的公共产品理论已经成为研究国有资产管理体制问题的理论平台。为此，他在相关论文（2002）和其后所著的《国有资产管理学》一书对国有资产管理问题所作的研究中，将公共财政理论作为贯穿始终的分析工具，大量运用了公共财政理论。

（二）经营性国有资产监管相关理论

国有资产是社会主义制度的经济基础和重要支撑，在国民经济发展中起着支柱作用和骨干作用，是市场秩序的重要稳定器。研究经营性国有资产监管有必要从政府经济职能理论、政府职能转变理论、国有企业产权理论、国有资产监管理论四个方面进行分析，为经营性国有资产集中统一监管研究提供理论支持。

1. 政府经济职能理论

现代政府为完成"经济调节、市场监管、社会管理和公共服务"四大职能，依托国有企业来实现目标是最优选择。为解决市场失灵，政府要对公共产品的提供和外部性的矫正等方面进行必要的干预，公共产品具有消费的非竞争性、收益的排他性和效用的不可分割性，私人不愿意提供，而政府本身也存在信息不对称、能力有限等困境。为节约交易成本、提高工作效率，政府从"理性经济人"角度出发，成立国有企业提供公共产品成为首选。国有企业就成了政府职能的延伸和补充。国有企业同时具有企业属性和公共属性。国有企业除了具有普通企业的特性外，更多地体现为公共属性，普通企业出资人是私人，而国有企业的出资人是国家，获得的收益全民共享。根据政府干预理论，由于存在着市场失灵，政府必然会对公共产品的供给甚至投资活动进行干预。政府要发挥作用，关键是做好规则的制订者、市场环境的建设者、市场秩序的维护者,更好发挥市场监管职能,提供公平的竞争环境。

2. 政府职能转变理论

党的十八大提出,政府职能要向创造良好发展环境、提供优质公共服务和维护社会公平正义转变。在服务型政府背景下,政府公共管理部门的职能应该从微观事务管理向中观和宏观管理转变,强化公共服务职能、提供与市场经济和社会发展相符合的公共产品。具体来说,政府公共管理部门应该剥离监管微观企业职能,改变集"运动员""裁判员"于一身的角色,将"运动员"身份转移,专心作"裁判员",制定行业发展规划集中精力提供公共产品和服务,促进行业健康有序发展,不断提高公共服务的质量和水平。

3. 国有企业产权理论

新制度经济学认为,产权是规定物质交换关系的一种规则。它既是一种权利关系,也是一种社会关系,更是基础性规则。产权包括所有权、使用权、收益权、处置权等。科斯最早将产权作为经济学的一个基本范畴引入经济分析。科斯定理认为,在交易费用为零的情况下可以实现资源的最优配置,最大限度解决外部性问题。企业产权越清晰,企业进入市场的摩擦就越小,市场就越有序。国有企业改革的核心问题是产权如何清晰的界定,如果国有资产产权主体模糊,容易导致国有资产流失。在国有企业中,真正的所有者被虚化。国有企业按照现代企业制度搭建的"产权清晰、权责明确、政企分开、管理科学"框架,实现出资人所有权和企业法人财产权相分离,保证国家对企业的终极所有权;同时授权国有资产出资人通过产权所有者身份对出资企业进行管理和运营,使国有企业以独立的法人身份进入市场。

4. 国有资产监管理论

国有资产监管是为了实现国有资产的保值增值,不以利润最大化为目标,以提供公共产品或服务为己任。国有资产监管部门的产生是实现政企分开的产物,是企业微观制度中一个不可或缺的组成部分。国有资产监管是典型的委托代理,从本质意义上看,政府与国有资产监管部门间的委托代理关系是所有权层面的委托代理关系;即政府授权国有资产监管部门对经营性国有资产进行监管,国有资产监管部门授权国有资本营运公司行使出资人职责,从而实现"社会公共管理职能"与"国资经营职能"间的分离。从公司治理层面看,它是事实股东对代理股东的有条件授权,即在特定的限制性条件下由国资运营公司在公司治理中实质性地行使出资人权力、体现出资人意志、实现出资人目标。

(三)国内外相关研究现状

经营性国有资产集中统一监管是党中央国务院深化体制机制改革的重大举措。国内理论和实务工作者围绕国有资产管理问题进行了大量的研究探索,发表的研究成果可谓浩如烟海。其中既有学术理论性的文论,也有工作研究性的著述;既有成体系的专著和教材,也有专论某一方面问题的文章。

1. 关于经营性国有资产功能的研究

齐守印(1988)分析了经营性国有资产经济职能的本质,认为经营性国有资产具有三项基本功能,一是作为国家直接介入社会生产、流通、分配领域实现宏观经济调节的经济基础职能,二是实现盈利、增加财政收入的职能,三是实现按劳分配、协调社会积累与消费关系的职能。此后,齐守印(2002)从公共经济视角对经营性国有资产功能做出新的表述,认为社会主义国家中经营性国有资产的功能定位应包括五个方面,一是克服经济外部性,二是解决自然垄断可能引起的不良经济后果,三是实现经济稳定、经济发展和产业结构滚动升级,四是增加就业和抑制分配差距扩大,五是维护社会主义制度的存续和发展。罗仲伟(2006)认为,经营性国有资产的功能主要包括四个方面,一是保障国家基本经济制度和政治生活安全,二是调控和引导国民经济稳定运行和产业结构,三是从基础设施和公共服务方面支撑经济社会发展,四是增强国家在国际上竞争力。

2. 关于经营性国有资产管理的研究

经营性国有资产管理涉及资产配置、管理体制和管理模式等多方面问题。国有资产配置分为宏观和微观两个层次,都与国有资产功能发挥密切相关。

在宏观层面,在改革之前,我国经营性国有资产广泛分布于各产业领域并且处于垄断地位。改革后,对经营性国有资产应该分布于哪些产业领域这一问题存在着争论。一种观点是著名的"退出论",齐守印(1993)、徐传湛和郑贵廷(2001)认为,国有资产应当彻底退出竞争性经营领域,仅仅进入那些非公有制经济不愿办、无力办和不能办的领域。另一种观点认为,一方面要按照宏观经济调控的需要,收缩国有产权的分布范围,并动态地调整其分布结构;另一方面从掌握经济命脉和弥补市场经济缺陷的要求出发,国有资产应相对集中地分布在国防军工、钱币制造、金融保险、铁路航运、邮电通信、能源生产供应、战略性矿藏开采、高新技术产业和基础设施领域,其他竞争性很强的产业部门应尽量少参与或不参与。

在微观层面,改革前我国国有资产产权结构形式是单一的。因此,在改革之后,选择怎样的国有资产产权结构能够更有效地发挥经营性国有资产职能成为重要的研究问题。针对这一问题,许多学者先后发表了一些颇具代表性的观点。齐守印(1993)剖析了计划经济和改革初期经营性国有资产产权结构形式缺陷,根据建立社会主义市场经济体制和发挥国有资产固有功能的本质要求,提出优化经营性国有资产产权结构形式的思路,即除了国防军工、钞票印制等涉及国家重要机密的企业以外,原则上不再保留单一的国有制形式,广泛采取中外合资和国内股份制形式对国有企业加以产权结构改造,逐步变为国有产权与其他经济成分在每个企业中相互渗透的复合型结构,由于各个产业部门在国民经济中所占地位有轻重之分,为发挥国有经济对国民经济命脉的控制作用,国有产权在每个产业部门的骨干企业中所占比重也应有差别,一种产业部门在国民经济中所占地位越重要,国有产权在其骨干企业中所占比重就应该大一些,在一般竞争性产业部门甚至可以完全退出。按照这一原则对国有产权结构加以改造,一则可以保持国有经济在国民经济中的主导地位,二则能够扩大国有资产的调控功能,三则可以通过吸收其他非国有性质的资产参加到企业中,借以促进政企分开和内部约束机制的形成。这种看法逐步成为我国国有产权结构改革的主流观点,与近年来被中央认可的混合所有制改革思路大同小异。另一种比较接近的观点,张宁、才国伟(2021)认为,对国有企业实行公司制改造,建立多重产权结构,使企业在所有者之间形成非信任性相互制衡机制,在追求各自利益的驱动下,每一层级所有者又通过市场信息传导作用共同对企业管理者、经营者的监督机制。此后，学界虽然在这一问题上还继续发表了很多看法，但大体上没有超出上述观点的基本内涵。

3. 经营性国有资产管理方式的研究

对以何种方式对国有资产实施管理的问题，学者们相继提出许多理论观点和政策建议。齐守印（1993）基于实现政企分开和各种所有制企业平等竞争角度提出，成立隶属于各级人民代表大会及其常务委员会的国有资产管理委员会及其办事机构，把目前分散在政府各职能部门的国有产权代表资格和管理权集中到国有资产管理委员会，由其代表国家和全国人民对国有产权的运作、收益、监督和管理负完全责任，并向每年举行的各级人民代表大会报告国有资产运营情况和产权管理工作。对经营性国有资产，可以设置直接隶属于权力机关的国有资本管理委员会来实施管理（在这个委员会之下，可以根据产业类别成立若干个国有资产经营公司、控股公司进行资本运作）。国有资本管理委员会就国有资本运营效果向人民代表机关集体负责，国有资产经营公司或控股公司向国有资本管理委员会负责，其派出的董事、监事对公司负责，现代企业法人治理结构下的经营者对作为出资者代表的董事会负责，由此真正形成由多层委托—代理关系连接在一起、"产权清晰、权责明确、政企分开、管理科学"的国有资产管理体系。此外，杨中贤、张军安（1998）和叶泽方（1999）等提出，实行三层次国有资产管理体制观点。刘纪鹏（2003）在其研究结论中提到，国有资产管理体制应采取"国资委—国有资产经营公司（国有资产控股公司、国有资产经营公司）—企业（全资、控股、参股）"的"三层级"模式，其管理机构应当是市场化而不是行政化，政府国资管理部门可以通过组建若干国有资产经营公司来分别管理国有企业。国资委以预算管理为主，资产经营公司则应该以投资决策为主，最低层级的企业则要以财务管理为主。何诚颖（1999）指出，在国资委与国有企业之间增加一个间层，有利于降低所有者职能履行的交易成本。张文魁（2003）认为，三层次的模式仍然无法实现政企分开。这是因为企业不可能拒绝政府的多元管理目标，增加一个层次只会徒增代理成本；因此国有资产管理体制可采用"国资委——企业（国有全资、控股、参股）的"两层次"模式。这种观点可视为对原有"三层级"管理体制的创新。针对上述"两层次"管理模式和"三层次"管理模式。现如今,对经营性国有资产的管理又提出了大国资的概念。寇伟(2005)提出在国务院设立副国级高规格的国有资产管理委员会(简称"国资委"),受全国人大委托,作为所有国有资产的出资人行使所有权,管理各种国有资产。在其下设立国家控股公司。另外,在全国人大下设国有资产监督委员会。以此为基本框架构建国有资产管理体系。

4. 监管体制改革措施研究

对于监管体制改革措施的研究,有以下五个方面。

一是总体框架的构建。杨瑞龙、周业安(1998)认为,国有企业完整的相机治理体制包含三个要素:相机治理主体、信号和相机治理程序。张再生、李鑫涛(2016)主张,在横向治理体制上做减法——简政,在纵向治理体制上做加法——放权,理顺各治理主体间的合作关系——多元协同。

二是监管主体的设置。林毅夫(2001)认为,应该成立专门的国有资产投资公司负责经营管理非竞争性领域国有资产,而不应该交由负责竞争性领域国有资本经营管理的国有资产投资公司负责。在此基础上,荣兆梓(2012)提出,竞争性领域国有资本与垄断性领域国有资产应从管理体制上分开,并建立社会信托投资基金、国家控股公司和承担基础性公益服务的公法人组织三种出资人体制的总体思路;竞争性领域的国有资本管理应当完全"去政府化"。荣兆梓(2014)进一步认为,以管资产为主的国有资产管理体制是加快发展混合所有制经济的基础性制度安排,这个体制必须以国有资产投资(运营)公司为主体,应当是国有股权机构与资本市场运营主体的统一。中国宏观经济分析与预测课题组(2017)从产品性质及行业特性两个维度来客观制定功能导向的分类方法,提供公共产品的国有企业宜选择国有国营模式,垄断性国有企业宜选择国有国控模式,竞争性国有企业一部分宜进行产权多元化的股份制改造,一部分宜实行民营化。

三是运转模式。林毅夫(2001)认为,在我国国有企业改革中的一个重要难点是国有资本经营市场化和国有资本保值增值之间难以协调;随着市场经济的发展,国有资本的管理目标已不能局限于传统的保值,而应努力实现增值创收。因此,顾琴(2012)认为,必须在现有国有资产经营公司和国有大型企业集团的基础上，组建具有产业经营、投资控股、重组整合三大功能作用的新型公司，作为国有资产三层管理模式中重要的中间环节。张晓文、李红娟（2016）进一步提出，要推进从资产监管向资本监管转变、从重在国有制监管向多种所有制监管转变。王曙光、王天雨（2017）建议将国有资本所有者的代表"人格化"，剥离政府长久以来作为国有资本股东代理人产生的行政职能，而让"人格化积极股东"作为国有资本所有者新的代表，代替相关政府机构履行出资人职能，以股东的身份、市场化的运作机制与规范化的法人治理结构参与国有企业的实际经营管理。

四是成立基金或者国有资本投资运营公司。郭春丽（2014）建议根据国有企业分布的行业和功能定位，将大型企业改组为多个国有资本投资运营公司，或者根据新兴产业成立不同类别的国有资本投资运营公司，作为国有资产监督管理机构的市场化代理人、国有资产经营的受托人和执行层，代表国家行使出资人职能。邵宁（2015）认为，开展国有资本投资运营公司试点工作，探索以管资本为主的国有资产监管模式，优化国有资本的投资方向和重点，以提高国有资本的运营效率和效益。目前正在进行的改组国有资本投资运营公司就是这个思路，杨雪原（2017）提出，在"三级架构"中，进一步强调在混合所有制企业与其他资本共同出资形成的企业股权结构中，应当由国有资本投资公司、国有资本运营公司行使股东权利。

五是强化法律制度建设。庞红军（2016），王广辉、杨光（2017）建议，明确法律体系，强化国有资本相关法律建设，通过法律进一步明确国有资产监督管理机构的定位，划分清晰各层级之间国有资产监督管理机构的关系，从监督角度继续强化体系建设，在放权经营的同时不忘加强监督，建设具有中国特色的国有资产管理法律体系。张桂芳（2017）提到优化底层制度安排，化解国有企业微观运行中市场化与行政化的矛盾；协同推进相关配套改革，完善以"管资本"为主加强国有资产监管的制度环境。

5. 经营性国有资产的监管模式研究

国外对经营性国有资产的监管模式也积累了一定的成果。Bishi A

(2016）指出，由政府进行经营管理经营性国有资产是十分有必要的，认为通过投资运作经营性国有资产能够产生反补公益性活动的利润。他提出的责任绩效管理模式是指将资产的投资管理交给具体小组并且为该小组设置一定的投资收益率。Herzi、Ali（2016）研究表明，可以采用委托管理的模式来管理经营性国有资产，政府将非核心资产交给社会专业机构进行低风险业务投资，从而确保国有资产投资的稳定性与收益性。

6. 文献评述

综上所述，我国学者对党政机关和事业单位经营性国有资产的统一监管开展了大量研究，对构建江苏省党政机关和事业单位经营性国有资产统一监管框架有一定的借鉴意义和积极的促进作用，但尚存不足。第一，党政机关和事业单位中经营性国有资产纳入统一监管平台这个提议虽然早就有学者提出，也受到学术界支持，但对这一平台的研究始终处于"倡导构建"阶段，究竟如何构建？在构建中应注意什么问题？鲜有学者进行详细的研究。第二，改革开放以来，国有企业的经营政策和制度一直处于探索和变动的过程中，随着市场经济的不断发展，市场中多元化的经营模式不断冲击着我国国有企业现行体制，怎样保持一个科学合理的监管平台，将经营性国有资产灵活投资运用，实现保值增值值得深入探讨。第三，一些省份已经走在了改革前沿，但是由于各省份发展差异巨大，国有企业实际经营状况也不尽相同，如何建立适应我省基本情况、富有创新性、示范性江苏省党政机关和事业单位经营性国有资产集中统一监管体系也是值得研究的重要内容。

随着我国经济的不断发展，江苏省党政机关和事业单位经营性国有资产的投资与运营环境日益变化。实现国有经营性资产保值、创收增值是改革的重要目标，在这种环境下，研究江苏省特有的投资运营与统一监管模式具有重要意义。本课题的研究目标是提出党政机关事业单位经营性国有资产的统一监管框架，为进一步实质性推进国有资产管理改革提供有益参考。本课题具体内容包括明确统一监管范围、建立统一监管平台、划分监管平台和运营机构的管理边界、构建不同类别国有资产的统一监管模式。

第三章
制度背景

一、国有资产监管体制的转变

(一)国有资产监管体制初步形成阶段(1988—1997年)

为了从体制上建立国有资产管理模式,经全国人大批准,国务院于1988年8月成立了国有资产管理局。国有资产管理局的职能主要是"行使国家赋予的国有资产所有者的代表权、国有资产监督管理权、国家投资和收益权、资产处置权"。国有资产管理局的成立,标志着我国国有资产监督管理体制初步形成,也说明国有资产监管职能与社会经济管理职能逐渐开始分离。1993年的《中华人民共和国宪法修正案》中"社会主义市场经济"的建设目标和"国有企业"的概念开始明确,这说明我国已从根本法的角度认可国有资产所有权与经营权的分离。

这一阶段的摸索取得了卓越的成绩,具体的表现如下所述。

(1) 进一步明确了国有资产产权意识。在企业资本金制度与项目资本金制度得以创建的基础上,提出了国有资产增值保值的目标。

(2) 建立了专门管理国有资产的机构。将政府部门从社会管理者和国有资产所有者的双重身份分离开来。

(3) 将建立政企分开、权责明确的现代企业制度作为国有企业改革的方向。

(4) 抓大放小,将中小型规模的国有企业按一定的方式转变成混合型企业或自负盈亏非国有企业,使国有资产存量充分发挥效益。明确提出对国有经济实行战略性重组的政策,提升其在社会主义市场经济中的作用,同时将国有资产运营置于重要地位,明确了国有资产监管和运营体制及目标。

从理论上说,国有资产管理局应当专门监管国有资产,而其他从事经济管理的政府部门对国有资产应起到的是分工监管的作用,但实际上其拥有的权力与相关政策文件所赋予的权利相比是相当有限的。此外,由于受认识的局限及部门利益惯性等因素的影响,国有资产管理局始终秉承应统一管理国有资产和国有企业,不能将两者分离开来监管的观点。由于国有资产管理部门介入国有企业的日常管理,导致了其与工商、交通等行业主管部门和经贸委系统产生了企业管理方面的冲突。从一定程度上来看,这种冲突不但没有将政企分离开,反而使政府加大了对企业的管理力度。

国务院于1994年决定将国有资产管理局由国务院直属局调整为财政部管理的国家局。由于国有资产管理局的行政级别低于行业主管部门,在实践中不能很好地发挥国有资产监管的作用,同时与其他部门之间也存在明显的部门利益冲突;因此,在1998年国务院机构改革中国有资产管理局被撤销,将其原承担的职能改组为国有资本金基础管理、财产评估管理和国有资产统计评价三个司并入财政部,财政部直接承担相关职能。

(二) 国有资产监管权分散行使阶段(1998—2002年)

鉴于机构设置与社会主义市场经济发展的矛盾日益凸显的现实,1998年,中央人民政府实施了在2008年之前改革力度最大、涉及面最广的一次政府机构改革。1998年的行政管理体制改革对国有资产管理体制的影响主要表现为,国有资产管理局被撤销,原有职能并入财政部;专业经济部门被改组为隶属于国家经贸委的国家局,不再直接管理企业。

这一阶段的改革对国有资产管理体制所产生的影响涉及以下几个方面。

(1) 国家取消了以往专门负责行使国有资产管理职能的行政机构,这是由于在过去的很长一段时期内国有资产管理局并没有很好地完成国有企业改革和完善国有资产管理体制的任务,究其根本是其只是在一定程度上扮演着"会计"的角色。认为撤销国有资产管理局,让财政部代替原有的国有资产管理局来行使相关职能能够更加充分的发挥出资人作用。这种观点反映出当时理论界对国有资产管理体制的改革方向存在着一定的争议。

(2) 机构的改革使得国有资产的出资人职责将主要由五大部门来共同承担。这其中,财政部扮演着国有企业及政府参股公司中的国有资产所有者代表这一角色,以宏观视角监管国有资产,并负责国有资本金基础管理职能；国家经济贸易委员会负责监管各国有企业及国有控股企业的生产经营决策，同时与其他相关部门共同开展国有企业的改制、重组工作，并在引导国有企业改革及管理方面起重要作用；中共中央组织部与中央企业工委负责任免国有企业的主要管理人员，并管理派驻国有独资企业的监事会主席；国家发展计划委员会负责管立项；中华人民共和国劳动与社会保障部负责管理劳动与工资。这一系列的改革便形成了所谓的"五龙治水"体制。

为了更好地行使出资人职责，国家撤销国有资产管理局，将其职能并入财政部。机构改革后，国有资产监管职能由财政部、经贸委等部门分别行使，其目的是建立一个相互约束、相互监督的国有资产管理体制，但在实践中却出现了"政出多门"的现象导致国有资产的使用者和经营者无所适从。一家企业通常被多个行政部门所监管，然而这些部门均无法从根本上承担国有资产保值增值的责任，这是因为它们都只能够行使部分职能，相应地，只能对国有资产监管绩效承担部分责任。值得注意的是，责任是难以进行量化的，因此不能够合理地分配至各部门。这说明各部门实际上并没有承担相应的责任。责任分工不明确的直接后果便是监管机构丧失了积极性，削弱了其对于国有资产经营机构的监管力度，进而严重影响了国有资本安全运营，也不利于国有经济的发展和壮大。1998年前后，国有企业的生产经营遭遇了"寒冬"，全国超过半数的国有企业出现较大幅度的亏损，利润总额只有213.7亿元；在此后的5年中，进入《财富》世界500强的国资委系统监管的国有企业屈指可数，远低于同一时期欧美国家的入选数量，国有企业中营业收入最高的中石油只位居第69名。种种迹象表明，这一时期的国有资产管理体制改革很难称得上成功，一方面它并没有贯彻国有资产统一管理的思想；另一方面它混淆了社会经济综合管理职能与国有资本所有者职能及公共财政与国有资本的界限。

（三）以管企业为主的国资监管（2003—2012年）

2002年，党的十六大报告明确指出，要"继续调整国有经济的布局和结构，改革国有资产管理体制"，"国家要制定法律法规，建立中央政府和地方政府分别代表国家履行出资人职责，享有所有者权益，权利、义务和责任相统一，管资产和管人、管事相结合的国有资产管理体制"，要在"中央政府和省、市（地）两级政府设立国有资产管理机构"。2003年3月，作为政府机构改革方案内容之一，经第十届全国人大批准，国务院决定设立国务院国有资产监督管理委员会（简称"国资委"），将原属财政部、经贸委等有关国有资产管理的部分职责划归国资委的职责范围，授权其代表国家履行出资人职责，监管范围确定为中央所属企业（不含金融类企业）的国有资产。国资委于2003年4月正式成立，同年5月13日，国资委公布并施行了《企业国有资产监督管理暂行条例》，这一举动标志着随着国企改革的深入，我国国资监管体制取得了长足的进步并迈入了新的台阶。此外，国资委作为国有资产的出资人代表，在中央政府层面上将政府公共管理职能与国有资产出资人职能分离开来，不仅为新成立的国有资产监管机构开展工作提供了制度保障，也为新国有资产监管体制的实行提供了组织保障，同时国资委有针对性地要求和管制所监管企业，较之以往模式效率更高。《企业国有资产监督管理暂行条例》的出台和国资委的成立，标志着国有资产管理体制改革进入了新的时期（即国有资产监管权集中行使阶段）。

新的国有资产监管体制相较于以往的国资监管体制，具有下列显著的特征。

一是国有资产监管主体得以明确，全面实行中央、省、地三级国有资产监管体制。根据党的十六大所提出的深化国有资产管理体制改革的要求和第十届全国人大一次会议通过的相关决定，先后建立了国务院、省、市（地）三级国有资产监管机构。不仅如此，一些地区还对县级国有资产监管的方式进行了积极的探索。在各方的努力之下，国有资产监管组织体制基本建立。截至2004年6月，全国31个省（自治区、直辖市）和新疆生产建设兵团国资委全部组建。截至目前，全国共组建地、市级国有资产监管机构395个，许多国有资产总量较大的县也明确了国有资产监管责任主体，国资委系统建设进一步加强，国资监管大格局加快推进。国家、省、市（地）三级国资委的成立，从机构和组织上保证了国有企业改革的继续深入推进和国有资产监管工作的相对独立开展，标志着我国国有资产开始进入了全面独立监管时期。新的国有资产监管体制有利于克服旧体制下多部门分割行使所有权的弊端，而代之以国资委全面履行国有资产出资人职责,这在一定程度上解决了长期困扰国资监管的出资人缺位问题。

二是统一所有,分别代表。分别代表能够更好地调动各级政府的积极性,更加明确各级政府之间的产权和事权边界。中央和地方在国有资产管理中的关系不再是原来的分级管理关系,而是分别代表的关系,原来是中央政府总代表,现在是分别代表,这有利于解决代理链条过长、代理成本高、代理效率低的问题,是较原有体制的一个进步。

三是管人、管事、管资产相结合。1994年,国有资产管理局被撤销后,国家对国有企业的监管是分散的、效率很低的,引发了很多问题。2003年,国资委的成立改变了国有资产监管的格局,国资委对国资国企的监管是一个综合性的监管,集中概括为管人、管事和管资产相统一。所谓管人,即通过法定程序对所监管企业负责人进行任免、管理和考核并根据其经营业绩以及其他标准进行奖励或惩罚,建立符合社会主义市场经济体制和现代企业制度要求的选人、用人机制,完善经营者激励和约束机制。所谓管事,即指导国有企业改革重组,推进国有企业的现代企业制度建设,完善国有企业的公司治理结构,推动国有经济布局和结构的战略性调整。所谓管资产,即根据国务院授权,依法履行出资人职责,监管中央所属企业(不含金融类企业)的国有资产,加强国有资产的管理工作。负责组织所监管企业上交国有资本收益,参与制定国有资本经营预算有关管理制度和办法,按照有关规定负责国有资本经营预决算编制和执行等工作。

(四) 以管资本为主的国资监管 (2013年至今)

在我国进入经济新常态的背景下,以中共十八届三中全会通过的《中共中央关于全面深化改革若干重大问题的决定》为导向,关于国有经济管理体制,提出了完善国有资本管理体制,以管资本为主加强国有资产监管。以管资本为主加强国有资产监管的主要目标有如下几个。

第一,形成以管资本为主分类监管的国资监管体系。国资和国企分类改革取得明显成效,并在此基础上形成公益和非公益类国资分类分部门监管的两套三层次管理体系。国资监管和运营方式不断创新,根据企业功能定位,分类完善治理结构、分类开展绩效评价、分类考核,监管的针对性和有效性明显提高。

第二，国有资本配置效率显著提高。国有资本的流动性明显增强，形成功能明确、流动顺畅的国有资本配置机制。国有资本集中度显著提高，主要投向公益类行业和功能类行业。国有企业成为提供城市公共服务、保障城市运行、引领产业升级、创新驱动发展、保护生态环境、维护社会稳定的主力军和表率。

第三，现代企业制度不断完善。推进产权结构多元化、公司治理规范化、国有资产证券化、选人用人市场化工作取得显著成效。规范的董事会建设基本完成，以产权为纽带的母子公司管理体制基本建成。职业经理人制度全面推行，形成市场化的企业人事、劳动、分配制度和长效的激励约束机制。

第四，国有资本经营预算制度进一步完善。发挥国有资本经营预算在推进结构调整和科技创新中的引领作用，逐步提高国有资本收益上缴公共财政比例，2020年提高到30%，更多用于保障和改善民生。以中共十八大召开为标志，国企改革进入一个"分类改革"的全新时期。根据党的十八届三中全会精神，2015年9月，中共中央国务院发布《关于深化国有企业改革的指导意见》，国有企业被分为公益类、主业处于充分竞争行业和领域的商业类、主业处于重要行业和关键领域的商业类国有企业三类。公益类国有企业是指以社会综合效益为导向，以保障民生、服务社会、提供公共产品和服务为主要目标的国有企业，主要分布在水电气热、公共交通、公共设施等提供公共产品和服务的行业和领域。未来国有资本应加大对公益类国有企业的投资，增加公共产品供给。这类企业应积极引入市场竞争机制和公共评价制度，提高公共服务效率和能力。可采取国有独资形式，具备条件的也可推行投资主体多元化，完善公司治理，提高运营效率；也可鼓励非国有企业参与公益类项目经营。要建立行业标杆制度，根据企业不同特点有区别地考核经营业绩指标和国有资产保值增值情况，考核中要引入社会评价。主业处于充分竞争行业和领域的商业类国有企业追求营利性经营目标，以经济效益最大化和成为行业排头兵为目标，重点关注经营绩效和主业持续发展能力，积极推进股权混合多元，加快实现股权多元化、资产证券化、价值最大化。这类企业要完全按照公司法规定，加快推进公司制股份制改革，建立完善的法人治理结构。具备条件的要积极推动集团公司整体上市，集团公司股份由改组或新成立的国有资本运营或投资公司持有，实行完全市场化的监管和运营方式。主业处于充分竞争行业和领域的商业类国有企业要全面推行经济增加值考核，重点考核经营业绩指标、国有资产保值增值和市场竞争能力，引导企业科学发展，努力实现企业价值和股东价值最大化。主业处于重要行业和关键领域的商业类国有企业是指主要承担重大专项任务的商业类国有企业，这是国有资本未来布局和发展的重点。具备条件的主业处于重要行业和关键领域的商业类国有企业集团公司要积极改组为国有资本投资公司，专门持有和管理下属实体公司股权。实体公司要积极推动股权多元化，完善公司治理，建立现代企业制度。对这类国有企业，在考核经营业绩指标和国有资产保值增值情况的同时，要加强对服务国家战略、保障国家安全和国民经济运行、发展前瞻性战略性产业及完成特殊专项任务等主要功能性目标的考核。要建立功能任务分解目标和考核指标，明确经营责任和风险防范、分担机制，提高功能类企业的战略保障能力。不同类型的国有企业将有不同的国资监管机制、混合所有制改革方案、公司治理机制以及国有经济战略性调整方向等，这个时期的国有企业改革应该以分类为基本前提。

　　在这一时期，理论界在以下四个问题上达成共识：关于国有经济的功能定位和布局，在明确坚持公有制主体地位、发挥国有经济主导作用的前提下，准确界定不同国有企业的功能，国有资本运营要服务于国家战略目标，重点提供公共服务、发展重要前瞻性战略性产业、保护生态环境、支持科技进步、保障国家安全；关于国有经济的主要实现形式，要积极发展混合所有制经济；关于国有经济管理体制，提出完善国有资本管理体制，以管资本为主加强国有资产监管；关于国有经济微观制度基础，要推动国有企业完善现代企业制度，健全协调运作、有效制衡的公司法人治理结构。这实质上明确了新时期中国国有经济改革的重大任务。通过这四项改革重大任务和具体的改革措施的推进，最终形成以"新型国有企业"为主的国有经济，这些"新国企"将适应新形势的发展要求，日益与市场在资源配置中发挥决定性作用的条件下的成熟社会主义市场经济体制相融合。

　　2018年5月11日，中央全面深化改革委员会第二次会议召开，审议通过了《推进中央党政机关和事业单位经营性国有资产集中统一监管试点实施意见》。意见强调，推进中央党政机关和事业单位经营性国有资产集中统一监管试点，要坚持政企分开、政资分开、所有权与经营权分离，理顺中央党政机关和事业单位同所办企业关系，搭建国有资本运作平台，优化国有资本布局结构，提高国有资本配置和监管效率，有效防止国有资产流失，实现企业健康发展和经营性国有资产保值增值。

2018年7月30日，国务院印发《关于推进国有资本投资、运营公司改革试点的实施意见》（以下简称《意见》），明确国资授权机制分为两种，一是国有资产监管机构授权模式，二是政府直接授权模式。在政府直接授权模式下，由财政部代表政府授权国有资本投资、运营公司，这也确立了国资监管的两级模式。由财政部履行出资人代表职责或国有资产监管职能的企业，包括中国邮政集团公司、中国铁路总公司、中国烟草总公司和104家中央文化企业。此外，中共中央、国务院公布的《中共中央国务院关于完善国有金融资本管理的指导意见》明确财政部和地方财政部门经国务院授权履行国有金融资本出资人职责。履行出资人职责的各级财政部门对相关金融机构，依法依规享有参与重大决策、选择管理者、享有收益等出资人权利，并应当依照法律法规和企业章程等规定，履职尽责，保障出资人权益。

二、国有资本出资人

（一）国有资本出资人的法律属性与经济属性

按照委托代理理论，政府（及其代表）可以通过授权方式，授权特定法人履行出资人职责，出资人企业作为法人主体，具有法律、经济、出资人等属性。

1. 法律属性

从法律属性看，出资人是按照《中华人民共和国公司法》（以下简称《公司法》）设立的法人公司，享有《公司法》《中华人民共和国企业国有资产法》(以下简称《企业国有资产法》)《公司章程》等规定的权利和义务。2009年《企业国有资产法》规定,国务院和地方人民政府依照法律、行政法规的规定,分别代表国家对国家出资企业履行出资人职责,享有出资人权益。国务院确定的关系国民经济命脉和国家安全的大型国家出资企业,重要基础设施和重要自然资源等领域的国家出资企业,由国务院代表国家履行出资人职责。其他的国家出资企业由地方人民政府代表国家履行出资人职责。

《企业国有资产法》中所称的"国家出资企业"是指国家出资的国有独资企业、国有独资公司,以及国有资本控股公司、国有资本参股公司。从出资人角度看,它对被出资企业,以出资额为限履行出资人职责,向所出资的企业选派国有产权代表,不干预出资企业的日常经营活动。国家出资企业对其动产、不动产和其他财产依照法律、行政法规以及企业章程享有占有、使用、收益和处分的权利。出资企业依法享有的经营自主权和其他合法权益受法律保护。

2. 经济属性

从经济属性看,为实现国有资产保值增值的经济目标,国家出资企业的权限应以市场化的"股东权"为限,不能够超出股东所应拥有的权利,不能逾越股东权行使的程序。

国家出资企业是国有股权的持股机构,由政府授予国有资产出资人代表职责,作为政府与市场的"界面"和"隔离带",有利于不断增强国有资本的活力、控制力、影响力和抗风险能力,可以实现国有资本所有权与企业经营权有效分离、国有资产向优势领域聚集,培育主业竞争力,实现规模经济。同时,对沉淀资产进行统筹盘活,对不良资产进行处置,实现资产向资本的转化,并将资本重新进行配置,有利于增进国有企业的竞争力及传统产业的长效经营;扩充增量有助于行业内部及产业之间的优胜劣汰、优化产业结构、促进国有资本更为合理的产业布局。

(二) 出资人企业的投资功能和营运功能

国有资本投资运营公司是国家授权经营国有资本的公司制企业。公司的经营模式,是以投资融资和项目建设为主,通过投资实业拥有股权,通过资产经营和管理实现国有资本保值增值，履行出资人监管职责。按照《国务院关于推进国有资本投资、运营公司改革试点的实施意见》（国发〔2018〕23号），国有资本投资运营公司可以进一步细分为国有资本投资公司和国有资本运营公司。国有资本运营和投资公司的建立将促使国有资产管理体制由原来的国资委管人、管事、管企业转为以管资本为主，原来的"国资委—国有企业"的两层结构也将转为"国资委—国有资本运营和投资公司—混合所有制企业"三层结构。国资委是国有资产监管机构，国有资本运营和投资公司是国有股权的持股人，混合所有制企业则从事生产经营活动。国有资本运营和投资公司的建立无疑会促进政企分开、政资分开的改革。

1. 投资公司

国有资本投资公司主要以服务国家战略、优化国有资本布局、提升产业竞争力为目标，在关系国家安全、国民经济命脉的重要行业和关键领域，按照政府确定的国有资本布局和结构优化要求，以对战略性核心业务控股为主，通过开展投资融资、产业培育和资本运作等，发挥投资引导和结构调整作用，推动产业集聚、化解过剩产能和转型升级，培育核心竞争力和创新能力，积极参与国际竞争，着力提升国有资本控制力、影响力。

2. 运营公司

国有资本运营公司主要以提升国有资本运营效率、提高国有资本回报为目标，以财务性持股为主，通过股权运作、基金投资、培育孵化、价值管理、有序进退等方式，盘活国有资产存量，引导和带动社会资本共同发展，实现国有资本合理流动和保值增值。

3. 投资公司与运营公司的联系

国有资本投资、运营公司均为在国家授权范围内履行国有资本出资人职责的国有独资公司，是国有资本市场化运作的专业平台。该平台以资本为纽带、以产权为基础依法自主开展国有资本运作，不从事具体生产经营活动。国有资本投资、运营公司对所持股企业行使股东职责，维护股东合法权益，以出资额为限承担有限责任，按照责权对应原则切实承担优化国有资本布局、提升国有资本运营效率、实现国有资产保值增值等责任(《国务院关于推进国有资本投资、运营公司改革试点的实施意见》)。

国有资本投资公司和国有资本运营公司都是国家授权经营国有资本的公司制企业,都是国有资产的直接出资人代表,持有现有国有企业股权,行使出资人的职责。国有资本的投资和运营公司都是国家制定的国有资本战略和国有资本经营预算的实施载体,都以国有资本的保值增值为目标。国有资本投资运营公司与所出资企业强调以资本为纽带的投资与被投资的关系,在投资管理、公司治理、职业经理人管理、管控模式、考核分配等方面,都将更加市场化,更加充分体现国有经济的活力、控制力和影响力。国有资本运营公司和国有资本投资公司都是涉及国家安全的重要机构,都将采用国有独资的形式。

4. 投资公司与运营公司的功能区别

投资公司与运营公司在实际经营中的侧重点有所不同。

一是对象不同。国有资本运营公司以资本运营为主,运营的对象是持有的国有资本(股本),包括国有企业的产权和公司制企业中的国有股权。国有资本投资公司以产业资本投资为主,主要是投资实业,以投资融资和项目建设为主。

二是目标不同。国有资本运营公司运营主要在资本市场,既可以在资本市场融资(发股票),又可以通过股权产权买卖来改善国有资本的分布结构和质量效益,强调资金的周转循环、追求资本在运作中增值;通过国有资本的运营,重塑科学合理的行业结构与企业运营架构,提高资源配置效率。国有资本投资公司着力培育产业竞争力,重点是要解决国民经济的布局结构调整;通过资本投资而不是行政权力保持对某些产业和企业的控制力,实现政府特定目标。

三是经营方式不同。国有资本运营公司的经营方式包括兼并或分立,成立合资公司、公司制改建、培育上市公司、产权转让置换等,是纯粹控股企业,不从事具体的产品经营,主要开展股权运营,行使股权管理权利,在资本市场通过资本运作有效组合配置国有资本。国有资本投资公司通过投资实业拥有股权,对持有资产进行经营和管理,国有资本投资公司通过产业资本与金融资本的融合,提高国有资本流动性,开展资本运作、进行企业重组、兼并与收购等。

四是作用不同。国有资本运营公司的作用是推动国有资本合理流动，重塑有效的行业结构和企业运营架构，避免重复建设、恶性竞争，切实提高资源配置效率，促进涉及国家安全、国民经济命脉等混合所有制企业的发展壮大。国有资本投资公司的作用是促进企业技术创新、管理创新、商业模式创新等，提高国有资本流动性，更好地发挥国有资本的带动作用，将若干支柱产业和高科技产业打造成为优强民族产业。

五是经营目标考核不同。针对国有资本运营公司应主要考核经济效益、资本回报率以及市场竞争力等经济目标，确保国有资本保值增值，增强国有经济活力，放大国有资本功能；而针对国有资本投资公司，应主要考核服务国家战略、提供公共产品和服务质量等政策目标，也应兼顾经济目标，防止国有资产流失。

总而言之，投资公司服务产业发展和城市规模、优化资本布局的需要，以产业发展为导向，做大做强产业资本；资本运营公司进行资本运营，以财务投资为主，侧重于做金融控股，以财务性参股性投资、以资本的流动，实现保值增值。国有资本运营公司侧重于发挥市场机制的作用，推动国有资产实现形式由实物形态的"企业"，转变为价值形态的资本（包括证券化的资本）。促进国有资本在资本市场上的流动，使国有经济布局和功能可以灵活调整，利用市场的力量让资本流动到最能发挥作用的地方，使国有资本发挥更有效的作用。国有资本运营公司意在降低市场中的交易费用，担负着健全国有资本市场体系的职责。国有资本运营公司要将国家所有物形态的国有资产转换成可以用财务指标清晰界定、计量并具有良好流动性、可进入市场运作的国有资本，从而使"半政府工具，半市场主体"状态的国有企业，成为平等的市场竞争的参与者。国有资本投资公司侧重于市场失灵或市场残缺的纠正和弥补，在重要产业领域，比如：对于信息不对称和自然垄断的领域、市场无力或不愿意投资但对于国民经济又特别重要的领域以及关系国家安全和国民经济命脉的领域，国有资本的投入都将发挥重要的作用。国有资本投资公司意在实施国家对经济的引导，实现政府特殊的公共目标，如减少社会不公、促进区域协调发展等。通过资本投资而不是行政权力，保持国有经济的控制力和影响力。

三、国有资本监管机构

(一) 国有资产监管机构及其属性

国有资产监管是指履行出资人职责机构作为国有资产所有者,以国有资产产权为调整对象,依法对指定或所属国有企业占有使用的国有资本所开展的经营管理活动进行监督管理,其任务是维护国有资本的安全、完整、不受侵犯,防止国有资产流失,确保国有资产保值增值。经营性国有资产集中统一监管,就是把所有经营性国有资产统一交由一个部门进行集中统一监管。从政府到企业的法律监管关系中涉及多个主体,主要包括各级政府、国有资产监督管理委员会(包括地方国资委)、国有资产运营公司、财政部门、审计部门等。其中对于经营性企业国有资产监管的监管机构主要是各级政府和相应国有资产监督管理委员会。

1. 各级政府

各级政府包括人大、国务院以及地方人大。在政府监管体系中,准确地说,各级政府作为委托人并不直接承担对企业国有资产监督管理的职责。各级政府的工作主要是对涉及国有资产的某些重大决策进行审批,通过制定法律、法规、地方性条例以及相关指引约束国有资产监管机构对企业国有资产的监管行为。

2. 国有资产监督管理委员会

2003年,国资委的建立结束了我国长期以来国资监管体系中多头管理、权责不清的混乱状况,标志着我国的企业国有资产监管制度的跨越性创新。国资委作为企业国有资产监管的主要部门,各级国资委对其相应级别的政府负责,代表各级政府履行对国有资产的运营和监管职责。国资委最初设立意图是通过一个特设的中间部门将政府与企业分开,国资委在行政单位性质划分上实际并不属于任何政府部门或者行政事业单位,是完全独立的。

国资委下设23个委内厅局，29个监事会办事处以及五个委内直属事业单位。每个部门在国资监管工作中各司其职，秉承管人、管事、管资产的三维度管理职能，具体的工作包括如下内容。

（1）法规建设。贯彻落实党中央国务院下发的国资监管相关法律法规，颁布国有资产管理办法、管理指引，发表工作意见。

（2）考核评价。考核企业经营绩效，企业进行经济价值品牌价值进行评估，布置、管理企业，完善企业法人治理结构，督促、检查企业内部控制建设和内部控制运行，向企业派出监事会，核查企业财务报表以及财务快报，督促企业安全生产。

（3）产权管理。优化国有资产产权的配置，促进国有产权的合理流动。对企业国有产权进行管理工作，发布《国家出资企业产权登记管理暂行办法》等相关政策，选聘资产评估机构、构建产权交易平台。

（4）规划发展。制定国有企业发展战略、国有资本境内外投资战略。

（5）改革改组。管理国有企业兼并重组、分离解散等重大事项。

（6）企业分配。负责企业高层管理者的选聘、解聘工作，对管辖企业实行薪酬管理、员工收入分配。

（7）党群工作。对国有企业进行思想宣传、企业文化建设的工作。

（8）纪检监察。传达中纪委会议精神，搞好廉政工作，做好反腐倡廉相关制度建设。

3. 国有资本运营和管理公司

国有资本营运和管理公司是配合国资委优化中央企业布局结构，由国资委控股的，其作为一个企业化操作平台主要从事国有资产经营、管理与投资的工作。作为国资委资产管理理想模式的中间环节，国有资本运营和管理公司承担了委托人与代理人的双重身份和职责，它受国资委委托为代理人又以委托人身份委托下属企业对企业国有资产进行运营监管。它也是国有企业与政府之间的隔离区、缓冲带，只要我们做好制度寻租和制度异化的防范工作，防止国有资本运营公司成为以政府意图为导向的"政府行政公司"，那么理想模式就是政企分开的最佳解决办法。建立国有资本营运公司也是实现以管资本为主的国资监管制度的最佳途径。

4. 财政部门

财政部门作为监管主体之一，对国有资产的监管也较为复杂。一方面对于直接划归在其门下的国有企业，财政部的职能同国资委类似，代表国家直接行使出资人的监督管理权力，涉及的企业主要集中于金融领域和文化产业；另一方面对于其他国有资产，财政部门是以公共管理的视角对企业国有资产进行监管工作的。对于经营性国有资产管理，财政部的主要职能是通过参与制定全国统一的会计准则、会计制度、财务管理制度等作为企业经营的制度规范；预算制度作为企业收益的评级标准；财政、税收制度作为国有资本收益分配、调节依据；以及对会计信息质量控制保证国有企业财务信息真实、完整性。

5. 审计部门

审计部门可以对国有企业直接实行审计工作，直接向全国人大及其常务委员会汇报审计工作，将被审单位的经济责任履行情况通报给国资委、向国资委提出建议，将审计工作结果以及重要财务指标面向社会公开。

由于国有资产涉及领域十分广泛，所以除了以上提及的监管部门以外，根据其行业不同有相关领域对应的监管部门（如食品药品行业对应的监督管理局，中粮集团、中储粮直属于农业部等）。

（二）国有资产监管机构职能

国有资产监管机构作为政府直属特设机构，根据授权代表本级人民政府对监管企业依法履行出资人职责，科学界定国有资产出资人监管的边界，专司国有资产监管，不行使政府公共管理职能，不干预企业自主经营权。国务院印发《关于改革和完善国有资产管理体制的若干意见》（2015）指出，以管资本为主，重点管好国有资本布局、规范资本运作、提高资本回报、维护资本安全，更好地服务于国家战略目标，实现保值增值。发挥国有资产监管机构专业化监管优势，逐步推进国有资产出资人监管全覆盖。围绕增强监管企业活力和提高效率，聚焦监管内容，该管的要科学管理、决不缺位，不该管的要依法放权、决不越位。将国有资产监管机构行使的投资计划、部分产权管理和重大事项决策等出资人权利,授权国有资本投资、运营公司和其他直接监管的企业行使;将依法应由企业自主经营决策的事项归位于企业;加强对企业集团的整体监管,将延伸到子企业的管理事项原则上归位于一级企业,由一级企业依法依规决策;将国有资产监管机构配合承担的公共管理职能,归位于相关政府部门和单位。

1. 管好资本布局

这就要求国有资产监管机构围绕服务国家和地方发展战略,认真落实产业政策和重点产业布局调整总体要求,合理确定国有经济发展战略规划,制定国有资本投资负面清单,优化国有资本布局结构,建立健全国有资本形态转换、合理流动机制。坚持以市场为导向、以企业为主体,规范调整存量,科学配置增量,创新发展一批、重组整合一批、清理退出一批国有企业,推动国有资本向重要行业和关键领域、重点基础设施集中,向前瞻性战略性产业集中,向具有核心竞争力的优势企业集中,实现国有资本合理流动、保值增值。

2. 规范资本运作

加强国有资本投资运营平台建设,探索投资融资、股权运作、资本整合、价值管理的市场化运作机制与方式。坚持投资与企业战略规划、综合实力和财务状况相匹配,将关系国有资产出资人权益的重大事项以及非主业、非控股、境外投资项目作为监管重点。合理确定商业类国有企业的主业范围,支持和鼓励主业属于充分竞争业务的商业类国有企业发展有竞争优势的产业,优化国有资本投向,推动国有产权流转,提高市场竞争能力;其他商业类国有企业根据不同行业特点,加大国有资本投入,在体现政府战略意图、服务和保障发展大局、完成专项任务等方面发挥更大作用。严格限定公益类国有企业的主业范围,加强主业管理,围绕提供公共产品和服务加大国有资本投入,提高公共服务的质量和效率。

3. 提高资本回报

建立健全国有资本经营目标考核评价体系,发挥经济增加值考核的功能和作用,提高国有资本回报率,落实国有资本保值增值责任。完善国有资本投资制度，建立投资分层分类授权管理体制、投资决策备案备查制度，完善投资前期规划和后期评估机制，建立国有企业常态化的资本注入机制。强化国有企业经营投资责任追究，建立投资责任回溯追究制度，形成责、权、利对等的运行机制。健全国有资本收益管理制度，逐步完善国有企业市场化分红机制。财政部门会同国有资产监管机构等部门建立健全覆盖全部国有企业的国有资本经营预算管理制度，每年提出国有资本收益上交比例建议，报本级政府批准后执行。国有资本经营预算支出范围，除调入一般公共预算和补充社保基金外，限定用于解决国有企业历史遗留问题和相关改革成本支出、对国有企业的资本金注入及国有企业政策性补贴等方面。

4. 维护资本安全

强化国有资产监督，形成全面覆盖、分工明确、协同配合、制约有力的国有资产监督体系。整合出资人监管、外派监事会监督和审计、纪检监察、巡视等监督力量，建立监督工作会商机制，综合运用强化企业内控机制建设、开展资产损失责任追究、披露企业经营信息等各种监督手段，强化对国有企业权力集中、资金密集、资源富集、资产聚集等重点部门、重点岗位和重点决策环节的监督，切实维护国有资产安全。严格落实国有企业"三重一大"集体决策制度，建立健全国有企业违法违规经营责任追究体系、国有企业重大决策失职和渎职责任追究倒查机制，严厉查处侵吞、贪污、输送、挥霍国有资产等违法违纪行为。建立健全企业国有资产监督问责机制，对企业重大违法违纪问题敷衍不追、隐匿不报、查处不力的，严格追究有关人员失职渎职责任。

（三）国有资产监管机构与国有资本投资、运营公司的管理边界

1. 国有资产监管机构与国有资本投资、运营公司的权责关系

国有资本投资、运营公司接受委托，代理行使出资人所有权，又以国有资产的出资形成法人财产权。运营机构的法人财产权实质上是受国资委所有权委托的对部分国有资产的支配权。这种支配权是从所有权中分离出来的，是所有者对支配者的委托，由运营机构代表出资人行使权力。在这种委托代理机制下，国有资产权力的权能主体便出现了多元化，即形成了所有者、支配者、管理者为主体的所有权法人产权和管理权。在这种情形下，关键是国有资产监管机构作为委托人能授予国有资本投资、运营公司多大的国有产权的权能，并能承担多大的责任。而对国有资产监管机构委托的权限与责任的界定，实质上就是确定国有资产监管机构与监管的内容以及应承担的责任。

2. 党政机关事业单位经营性国有资产监管机构的职能

在国有资产监管机构下设立的相关经济职能办事部门，如党政机关事业单位经营性国有资产管理中心，其主要任务是贯彻落实国有资产监管机构的决策和政令，并为国有资产监管机构制定决策提供依据和参考，实现国有资产管理的各类目标。其职能主要包括，党政机关事业单位经营性国有资产政策法规的制定权、基础性工作管理权、运营监控权以及国有资产产权代表的提名权。

3. 国有资本投资、运营公司的代理责任及权力

国有资本投资、运营公司是国有资产的产权代理人。它受国有资产监管机构的委托，从事国有产权的运营。从产权代理人的角度看，首要的责任是在保证国有资产安全的情况下，追求资产效益的最大化，即通过运营使其保值增值。其首要的是自主开展国有资本运作，对所出资企业行使股东职责，维护股东合法权益。国有资本投资、运营公司作为国有产权的代理者，其权利具体包括人事权、重大事项决策权、资产收益权、业绩考核权以及监督权等。

在推进自身职能转变过程中，国有资产监管机构应逐步把部分出资人的权利授予国有资本投资、运营公司，将依法应由企业自主经营决策的事项归位于企业。进一步创新监管授权的"负面清单"机制，按照"法无禁止皆可行"原则，制定专门针对国有资本投资、运营公司的监管负面清单。国资监管机构重点负责定方向、定规则、定考核，国有资本投资、运营公司重点负责管经营、管执行、管业绩。国资监管机构应首先在管理上去行政化，作为股东应遵照《公司法》规定不再采取行政管理方式，而是重点加强国有资本投资、运营公司董事会建设，建立规范化的外部董事占多数的董事会，做实董事会专门委员会，更多通过董事会开展对股东董事委派、企业发展战略核定、章程管理调整、信息披露及经营投资责任追究等方面的监督。同时，停止延伸监管，只监管国有资本投资、运营公司层级，不再对投资、运营公司下属的出资企业进行延伸监管。

四、国有资产监管类型与要求

1992年，国家国有资产管理局、国家计委、国家体改委和国务院经贸办联合下发的《国家试点企业集团国有资产授权经营的实施办法》对授权经营定义为："国有资产授权经营是指由国有资产管理部门将企业集团中紧密层企业的国有资产统一授权给核心企业（集团公司，下同）经营和管理，建立核心企业与紧密层企业之间的产权纽带，增强集团凝聚力，使紧密层企业成为核心企业的全资子公司或控股子公司，发挥整体优势"。随着改革的不断深入以及企业集团发展的实践，授权经营的认识又有了新的发展。从出资人角度，根本目的是管资本，简政放权，通过授权把出资人一部分权利授予资本投资运营公司，即公司法规定的一些出资人权利，如中长期决策权、重大财务事项管理权、薪酬考核分配权等。被授权后，权利还要进一步授权给下属企业，把企业的市场主体地位建立起来，管控模式是小集团、小总部、大产业。围绕增强监管企业活力和提高效率，聚焦监管内容，该管的要科学管理、决不缺位，不该管的要依法放权、决不越位。将依法应由企业自主经营决策的事项归位于企业；加强对企业集团的整体监管，将延伸到子企业的管理事项原则上归位于一级企业，由一级企业依法依规决策；将国有资产监管机构配合承担的公共管理职能，归位于相关政府部门和单位。

（一）监管授权机制

1. 政府直接授权模式

政府直接授权模式即政府直接授予出资人职责。

政府直接授权国有资本投资、运营公司对授权范围内的国有资本履行出资人职责。国有资本投资、运营公司根据授权自主开展国有资本运作，贯彻落实国家战略和政策目标，定期向政府报告年度工作情况，重大事项及时报告。政府直接对国有资本投资、运营公司进行考核和评价等（国发〔2018〕23号）。

在政府直接授权模式下，由财政部代表政府授权国有资本投资、运营公司。这也确立了国资监管的两级模式。从国家层面看，由财政部履行出资人代表职责或国有资产监管职能的企业，包括中国邮政集团公司、中国铁路总公司、中国烟草总公司和104家中央文化企业。此外，中共中央、国务院公布的《中共中央 国务院关于完善国有金融资本管理的指导意见》明确财政部和地方财政部门经国务院授权履行国有金融资本出资人职责。

2. 出资人授权模式

出资人授权模式即国有资产监管机构授予出资人职责。

按照《国务院关于推进国有资产投资、运营公司改革试点的实施意见》（国发〔2018〕23号），政府授权国有资产监管机构依法对国有资本投资、运营公司履行出资人职责；国有资产监管机构根据国有资本投资、运营公司具体定位和实际情况，按照"一企一策"原则，授权国有资本投资、运营公司履行出资人职责。国有资本投资、运营公司对授权范围内的国有资本履行出资人职责。

国有资产监管机构授权模式（即政府授权国资委），国资委再授权国有资本投资、运营公司履行出资人职责，国资委负责考核和评价。这延续了当前的三级模式的国资监管体制。

上述两种授权模式在具体的操作方式上并无本质不同，只是政府直接授权模式下，由政府直接对国有资本投资、运营公司进行考核和评价。

3. 出资人职责的授权

按照相关法律、法规以及相关政策（中办发〔2018〕44号、国发〔2018〕23号、国发〔2019〕9号）精神，明确国有资本授权方式，政府（国务院或地方人民政府）授权国资、财政及其他部门、机构作为出资人代表机构，对国家出资企业履行出资人职责；出资人代表机构作为授权主体，根据国家出资企业具体定位和实际情况，授权国家出资企业履行出资人职责；国家出资企业对授权范围内的国有资本履行出资人职责（见图3-1）。

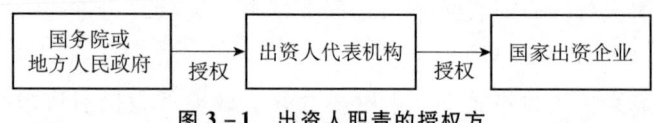

图3-1 出资人职责的授权方

从江苏省的情况看，江苏省国资委、江苏省财政厅都是省政府授权的出资人代表机构，江苏省国资委列名监管的23家省属国有企业，主要是主业处于充分竞争行业和领域的商业类国有企业；江苏省财政厅监管的主要是省属金融企业、文化（体育）企业以及党政机关和事业单位出资企业，其中金融企业、文化（体育）企业履行出资人职责，党政机关和事业单位经营性国有资产实行综合监管。改革完成后，战略层面重组、整合（见图3-2）。

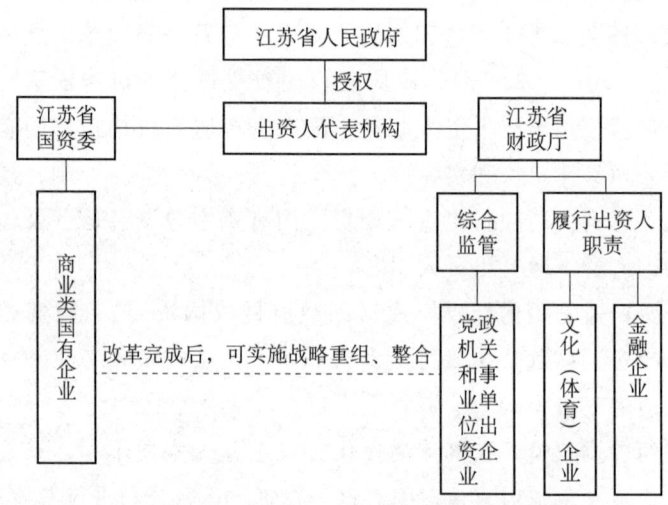

图3-2 江苏省财政厅与江苏国资委国有资产监管比较

（二）监管类型

按照相关法律、法规以及相关政策，稳步将党政机关和事业单位所办企业的国有资本纳入经营性国有资产集中统一监管体系（中办发〔2008〕44号），全资企业、控股企业、参股企业及其所属各级企业纳入监管范围（国办发〔2018〕42号），分类处理资产权属关系（中办发

〔2008〕44号）。

1. 脱钩划转

中办发〔2008〕44号文指出，与本部门或单位承担的公共事业发展职能无关的企业均为一般营利性企业，中央党政机关和事业单位要积极推动与这部分企业全部脱钩，不再持有这部分企业股权，协商将企业包括资产、人员、债权债务划转移交给有关国有企业或国有资本投资、运营公司。

2. 部分保留

对于与本部门或单位承担的公共事业发展职能密切相关，属于本部门或单位职能拓展和延伸的企业，实行部分资本划转。划转资本由国有资本投资、运营公司持有，履行出资人职责，并实行集中监管。同时，原主办单位通过持有部分股权方式保持一定影响力，实现公共事业和企业业务互相促进、共同发展①。

3. 维持现状

对于新闻宣传、文化类企业，维持现行管理体制，继续实行管人管事管资产和管导向相结合的办法。对于外交、国防、政法、金融等领域承担国家特殊任务的企业，以及经党中央、国务院批准的其他特殊企业，维持现行管理体制不变。

4. 清理关闭

"僵尸企业""空壳企业"（长期亏损、扭亏无望、不具备持续经营条件的企业）或与行使公共职能和发展公共事业无关但难以脱钩划转的国有企业。按照国家有关规定通过实施注销、撤销、破产、拍卖、出售等市场化方式处置。

（三）监管要求

1. 脱钩划转企业的监管要求

接受划转的国有企业和国有资本投资、运营公司要加强对划入企业

---

① 注：与国办发〔2018〕42号文高校保留管理规定不同。

的管理，将划入企业统一纳入考核范围，实现国有资产保值增值。国有资产监管机构要按照有关规定加强监管。脱钩企业划转后，财政统筹考虑党政机关和事业单位预算安排和被划转企业上交收益等，对经费保障受到影响的原主办单位给予适当补助。

党政机关和事业单位要理顺企业产权关系，明晰资产权属、土地使用方式、职工身份等，并做好职工思想工作，保持职工队伍稳定。相关接收方要做好企业资产、人员、债权债务等整体接收工作，落实脱钩划转企业的劳动关系处理、社会保险关系接续等相关政策。划转双方可根据实际情况协商有关资产接收、人员安排、债权债务处理以及相关补偿等事项。

2. 部分保留企业的监管要求

对部分保留企业实行公司制改革，将企业国有股权分为集中监管股权和原主办单位股权。集中监管股权统一划入国有资本投资、运营公司并由其持有，原主办单位股权继续由原主办单位持有。国有资本投资、运营公司履行部分保留企业国有资产出资人职责，负责国有股权管理、资本运作和布局调整。原主办单位负责推动企业经营与公共事业之间良性互动、协同发展，在企业发展规划和经营方针、管理人员选聘、投资风险控制等重大事项上拥有主要表决权，在国有产权转让、国有资产处置等重大事项上拥有一票否决权，同时享有根据企业经营业绩和持股情况获得收益的权利。

3. 实施市场化处置的企业的监管要求

党政机关和事业单位及其主办单位作为责任主体，要妥善处理好企业资产、人员、债权债务等各类问题。要按照有关规定，以人为本、积极稳妥、因地制宜的原则，采取多种方式妥善安置改革涉及的相关人员，维护职工合法权益。纳入集中统一监管的企业人员按"人随资产走"的原则进行安置。企业重组吸纳原企业职工的，继续履行原劳动合同。企业发生合并或分立等情形的，由承继其权利和义务的企业继续履行原劳动合同，经与职工协商一致可以变更劳动合同约定内容，工龄计算、社保缴费按现有政策执行。职工安置方案需提交企业职工代表大会或全体职工讨论通过并报主管部门批准后实施。企业资产处置收益可按照相关法律法规规定用于安置职工，经费不足的由原部门和单位通过调剂预算适当解决。

按照中办发〔2018〕44号文，党政机关和事业单位所办企业中，属于"僵尸企业""空壳企业"或与行使公共职能和发展公共事业无关但难以脱钩划转的国有企业，按照国家有关规定通过实施注销、撤销、破产、拍卖、出售等市场化方式处置。根据财资〔2017〕13号文，经营类事业单位人员、资产规模较小或无固定资产、转制后难以正常运转，需要予以撤销，长期亏损、资不抵债、债权债务不清晰、历史遗留问题较多，经批准退出事业单位序列。

一是完善治理结构。把加强党的领导和完善公司治理统一起来，充分发挥党组织把方向、管大局、保落实的作用，符合条件的企业党组织领导班子成员通过法定程序进入董事会、监事会、经理层。企业党委书记、董事长由同一人担任。重大经营管理事项必须经党组织研究讨论后，再由董事会或经理层做出决定。推动企业按照市场化、规范化、专业化的管理导向，建立职责清晰、精简高效、运行专业的管控模式；建立规范、完善的法人治理结构，形成以资本为纽带的投资与被投资管理关系，不干预企业日常经营。

二是妥善安置人员。以人为本，积极稳妥，因企施策，采取多种方式妥善安置改革涉及的相关人员。纳入集中统一监管的企业人员按"人随资产走"的原则进行安置。企业重组吸纳原企业职工的，继续履行原劳动合同。企业发生合并或分立等情形的，由承继其权利和义务的企业继续履行原劳动合同，经与职工协商一致可以变更劳动合同约定内容，工龄计算、社保缴费按现有政策执行。职工安置方案需提交企业职工代表大会或全体职工讨论通过并报主管部门批准后实施。企业资产处置收益可按相关规定用于安置职工，经费不足的由原主办单位通过调剂预算适当解决。

三是落实配套政策。江苏省级党政机关和事业单位所办企业重组整合、划转、处置涉及的资产评估增值、土地变更登记和国有资产无偿划转，符合相关规定的，享受相应的税收优惠。江苏省级财政对集中统一监管改革中为解决历史遗留问题、清理关闭企业等发生且自身确实难以解决的支出，给予适当支持；对改革涉及的富余人员分流安置按照成本分担的原则给予适当补助。脱钩企业划转后，省级财政统筹考虑省级党政机关和事业单位预算安排和被划转企业上缴收益等，对经费保障受影响的原主办单位给予适当补助。人力资源社会保障、自然资源等部门对集中统一监管企业职工安置、土地处置等给予政策指导。市场监管、税务等部门对无法履行法定注销、破产等程序的"僵尸企业""空壳企业"，要研究提出解决措施。

第四章
监管模式

一、国外经营性国有资产集中统一监管模式

(一) 国外国资管理模式分类

国外国资管理模式分类主要包括按管理机构的层级设置分为"两层次"管理模式和"三层次"管理模式;按管理权力的集中度分为集权管理模式、分权管理模式以及集权、分权结合模式;按国资管理系统中的核心部门分为财政部核心、控股机构核心和多部门管理模式;按政府监管部门的权力设置分为议会与政府分工分权监管、设置超部门管理机构专门管理和政府多部门分工共管;按履行国资监管职能的政府部门属性分为立法部门履行职能、行政部门履行职能和国有控股公司履行职能,具体见表4-1。

表4-1 国外国资管理模式分类

分类标准	分类名称	代表国家
按管理机构的层级设置	"两层次"管理模式	美国、加拿大
	"三层次"管理模式	新加坡、意大利
按管理权力的集中度	集权管理模式	日本、韩国
	分权管理模式	美国
	集权、分权结合模式	法国、意大利
按国资管理系统中的核心部门	财政部核心	法国、德国
	控股机构核心	意大利、新加坡
	多部门管理模式	印度
按政府监管部门的权力设置	议会与政府分工分权监管	法国
	设置超部门管理机构专门管理	印度
	政府多部门分工共管	日本
按履行国资监管职能的政府部门属性	立法部门履行职能	美国、加拿大
	行政部门履行职能	法国、英国
	国有控股公司履行职能	新加坡

（二）典型国家国资管理模式介绍

1. 美国

美国政府对不同性质的国有企业，实行不同的管理方式。对于政府（包括联邦政府和地方政府）完全所有的公司，除田纳西河流管理局、进出口银行、联邦存款保险公司、宾夕法尼亚道路发展公司四家企业直接对总统负责以外，其他政府完全所有的企业一般由各主管部门负责管理，主管部门部长负责审查和批准公司预算、确定企业提交的产品价格、工资和税制制度，有权任命企业主要领导人等主管部长在总统和国会面前代表公司，各个主管部长对公司的影响程度有很大差异，这主要取决于公司活动对政治或对部门工作的影响程度。对于混合所有制的国有企业，政府对它们的管理除了委派董事参加企业董事会以外，还采用了以主承包商为首的系统工程承包合同制以及对军用品和民用品分开管理的办法。在美国，许多国有混合公司既生产军用品、也生产民用品。相应地，政府要求企业分别成立"军事生产部"和"民用生产部"，对军品和民品进行管理。

美国国会对国有企业的管理主要表现在以下几个方面：第一，国会通过立法，决定国有企业的建立、撤销和内部管理体制的改革。例如，为了改善铁路客运严重亏损的状况，国会于1970年通过了铁路客运法。创建了全国铁路客运公司，以代替私人客运公司。第二，财务管理，国有企业的预算包含在联邦预算之中，联邦预算须由国会批准，从而使国会间接地对国有企业的预算发生影响。第三，监督管理职能，国会有权在认为必要的时候，对有关国有企业管理问题进行调查，审议有关国有资产管理的各种议案，有权弹劾政府官员，进而直接或间接地对国有企业活动行使监督管理职能。

在美国，政府的支出预算由总统行政管理和预算局负责编制，财政部不参与编制支出预算，美国财政部的经费预算也是由该预算局编制的。财政部负责根据历年的收入情况和经济发展预测编制收入预算，供预算局作为参考。财政部根据国会批准的预算组织基金供应。总统行政管理和预算局的主要任务是编制预算，其收入预算的主要信息资料来源于财政部，支出预算则根据各部、机构提出各自的预算方案，经审核后统一汇编出联邦预算交总统审核。国会中与财政预算立法有关的机构有参众两院拨款委员会、筹款委员会、预算委员会及国会预算办公室和总会计局。国会预算办公室无权决策政策，其任务是对经济与预算进行独立的分析与预计，评判总统预算局编制的预算并独立地编制出一整套预算，为国会提供客观、及时、非政治化的分析。设在国会的总会计局的任务是审计政府财务，使政府财务活动限制在国会批准的范围内。

2. 英国

英国多数国有企业广泛涵盖了基础设施、基础产业、高精尖技术产业等国民经济中的重要领域；同时，英国一些重要国有企业在资金实力、资金规模和集中程度方面都具有其他私营企业无法比拟的基础与优势。英国国有企业主要分为不具法人地位的国有企业、不以盈利为目的的公共企业及国家与私人共同建立的国有控股公司。

英国国有企业的监管模式以议会为监管中心，通过财政部及行业主管部门对国有企业实施直接监管，监管方式除涉及国家重大利益之外都是通过控制董事会成员来进行，而不是直接干预企业的经营。

英国在20世纪70年代成立了一家国家独资的控股公司——英国国家企业局，作为监督和管理国有股股权的专职机构；同时，通过政府授权设立贸工部，行使对国家企业局的监管之职。1981年，国家企业局与英国研究开发公司合并为英国技术集团，不仅对由国有控股公司投资的子公司及与其关联企业进行产权监管，同时具有技术开发与推广之职。国家企业局的产权监管包括四个方面：第一，国有控股公司投资的子公司和关联企业及贷款企业的日常生产经营活动不在其监管范围之内；第二，国有控股公司投资子公司和关联企业的董事中，非执行董事由国家企业局派出；第三，国家企业局制定的报告制度适用于所有子公司及其关联公司，所有参股企业必须按照相关规定向其提交年度报告及计划；第四，负责监督和审查国有控股公司的财务状况和计划执行情况。

英国授权贸工部实现对国家企业局的监管职能，主要包括以下四个方面内容：第一，专设负责国家企业局事务的部门，定期听取国家企业局的任务执行情况，并及时向其传达贸工部的指示；第二，明确国家企业局的监管目标与财务指标,进行业务指导与监督;第三,对国家企业局决策人员具有任免权;第四,严格规定国家企业局的投资权限。

3. 法国

在2003年以前,法国国有出资人代表分别由能源、交通等相关部门充任,形成了出资人代表多元化的格局。2003年初,财政部设立国家参股局,集中行使出资人代表职权,形成了以财政部为中心、以其他职能部门为辅助的国有资产管理体制。国家参股局局长由财政部部长任命。国家参股局通过《国家参股局和国家参股企业关系的治理规则》,确立了与出资企业之间的关系,以及双方应当遵守的规则。为了及时了解企业日常运营情况,国家参股局还建立了月报表制度。企业按月向国家参股局提交报表,其主要内容包括主要财务指标、主要经济运营指标以及重大经营活动。此外,企业负责人定期或者每年至少一次与国家参股局会晤,介绍企业发展情况、市场前景以及企业发展战略等。

法国政府经过长期实践,在对国有企业的管理方面,摸索出一套较为有效的管理体制和方法,把行使国有资产的所有权、领导权和监督权,集中反映在重大决策权、人事权和财务管理权三个方面。其主要方式和特点可大致归纳如下。

在重大决策权方面,关键是明确国有企业资产管理的责任和权力,由相应负责的部门参与重大决策,如关系国有企业长远发展的投资战略。法国中央政府中以国有资产所有者身份行使管理职能的部门,主要有财政经济和预算部、政府计划总署、工业部、运输部、邮电部、国防部等。其中,财政经济和预算部的权力最大,它对所有国有企业进行经济和财政方面的领导和控制,决定对国有企业的财政拨款支持程度以及参股范围。各国有企业的具体经营管理则分别由有关主管部负责。例如,五大工业集团、雷诺汽车公司的主管部是工业部,国营航空公司、国有铁路公司的主管部门是运输部等。

政府对国有企业的监督主要集中在财务方面。由国家设立审计法院,对国有企业进行审计检查。国家审计法院每年都对国有企业的账目进行事后稽核,主要是检查企业财务收支是否合乎规定,对企业经营效率和效益进行评估。国家审计法院有权对企业进行全面监督稽核,有权查阅档案和情报资料，随时召见企业领导人，而且可以对违反财务管理规定的行政机关公务员和企业职工罚款或审判。国家审计法院每两年提交一份有关国有企业账目情况的报告，分析其财务管理和经营情况，审计报告送交经济和财政部、国民议会和参议院中负责监督国有企业的议员。

对于竞争性国有企业，经营自主权大于垄断性企业，基本上按市场竞争原则运作。这类国有企业大多数是股份公司，政府基本上不采取直接行政控制，也不干预企业的日常经营活动，但是，仍然通过国家所拥有的控股权，影响企业的重大战略决策，如任命主要领导人和进行重大战略投资、监督审计财务状况、防止国有资产流失。

从法国的管理经验可以发现，法国对于国家控股的股份制企业并不强调政企之间的完全分开，而是既要保证企业的经营自主权，又要采取适当的经济杠杆手段，切实行使国家所拥有的控股权，这样才能达到推行国有化的目的，实现宏观调控和产业政策目标，采取反周期行为遏制经济危机，推动产业现代化并维护社会稳定。法国不仅重视宏观的间接调控，还重视通过政府的计划指导，直接推动国民经济和关键产业的发展，防止经济危机所带来的社会痛苦。

4. 韩国

韩国的国有财产特指由国家和中央政府拥有的财产，地方政府拥有的财产称为"公有财产"，并不属于国有财产的范畴。目前，韩国的国有财产分类明确，一共分为三类：行政财产、保存财产和其他财产。行政财产又分公用财产、公共财产和企业用财产。公用财产是指用于办公、事业和公务员居住的财产；公共财产是指国家直接用于公共目的的财产；企业用财产是指政府投资企业的财产。保存财产是指人文景观和历史遗迹等。其他财产是指行政财产、保存财产以外的其他国有财产。

韩国国有财产实行由中央政府和地方政府的多级管理。韩国财政经济部是统筹和管理全国国有财产的部门，财政经济部长官（部长）负总责。中央政府各部门和团体分别管理所属部门和团体的国有财产。分布在地方的国有财产，经财政经济部委托，由直辖市、道（相当于我国的省）自治政府将管理责任下放到各市、郡（相当于我国的县）管理。还有一部分国有财产则归由政府投资企业——韩国资产管理公社和土地公社进行管理。

　　无论是哪一级国有资产的管理，都要实行严格的计划管理，按程序编制管理计划并组织实施。根据总统令和《国有财产法》的规定，财政经济部可将部分国有财产委托中央政府主管部门或地方自治政府的第一负责人管理。政府投资企业可依法由总统批准的法人进行管理。各主管部门可将行政财产和保存财产委托所属部门的财产管理官履行管理责任，财产管理官再将管理责任分给"分任财产管理官"。主管部门在必要的时候，还可将部分行政财产和保存财产委托给国家机关以外的人管理。财政经济部对主管部门和地方自治政府管理的国有财产进行监督，发现管理不善的可给以降低由中央政府提供的管理费用或收回管理权的处罚。收回管理权的国家财产通过招标重新选择主管部门。国有财产管理费用一般为该财产评估价格的 20%~30%。

　　国有财产在形成后，必然要涉及折旧、出售、置换和变更用途等一系列的处置事宜，都必须按照法律法规和管理计划规范实施。韩国规定，处置国有财产时，主管部门提出申请后，要由财政经济部制定处置计划，交国务会议审议，最后经国会批准。地方自治政府管辖的公有财产，由主管科、处提出申请，经直辖市、道及市、郡政府协调委员会审议决定。新购、新建国有财产严格根据计划和预算实施。扩充国有财产，如征购私有土地筑路、建设公共设施，要通过政府预算和融资来实现，价格标准由价格评估部门评估，与土地所有者定。发生价格争议时，由财政经济部协调。

　　韩国国有财产中类别不同的行政财产、保存财产和其他财产可以置换、信托、租赁和承包，但其在置换时也必须规范进行。

　　政府股份由财政经济部国库局持有，股权由行业部行使。在韩国，财政经济部国库局持有国家投资到企业的全部股份，但是股东权利可以由财政经济部委托给某个行业部门（如商业、工业和能源部，建设和旅游部等）去行使。韩国政府通过法律保护国家的战略利益。根据《证券和交易法》的一项授权法令，财政经济部有权指定任何从事"对国民经济有重要意义的产业"的公司为"公共性质的公司"。该法律允许公司章程将其他个体股东的表决权限制在 3%。

　　韩国董事会成员与企业高级管理人员分开。现在 GIE 的董事会是决策型董事会结构（董事会成员一般不能同时担任高层管理人员，CEO 除外）。每个 GIE 董事会的董事不超过 10 个，包括董事会主席、CEO、财政经济部和行业部门的代表各 1 个，以及公共企业管理或消费者保护方面的专家。董事会主席和 CEO 由总统根据主管部门的推荐任命。除政府的两个自然代表外的其他董事会成员，由行业部根据董事会主席的推荐任命。除 CEO 外，所有的董事会成员均是非执行的，他们不收取固定工资也没有基于业绩的奖金，但可以报销因履行其职责而发生的实际费用。

5. 新加坡

淡马锡公司成立于 1974 年，由于当时"国联企业"即与政府有联系的企业的不断发展壮大，政府作为企业的所有者与经营者，对其管理显得越来越力不从心，所以由财政部负责组建了淡马锡控股公司，它主要负责经营和管理原国家投入到各类国联企业的资本。淡马锡公司的成功是多种因素共同作用的结果，主要还是以下几个方面。

一是完善的董事会制度。在淡马锡的管理模式中比较重要的一个方面就是其完善的董事会制度。首先从董事会的组成来看，淡马锡董事会由政府人员、下属企业人员和民间人士组成。政府人员是由政府委派一位财政部官员担任淡马锡董事，其代表国家的利益。下属企业人员和民间人士都是富有经验的民间企业人士及专业人士，这使董事会具有极强的专业性。其次从董事会的任职时间来看，董事会的董事一般任职时间都不是很长，董事会每年有三分之一的董事被更换，每 6 年要全部更换，这样就减少了董事与公司的关联性。最后是最具特色的独立董事制度，在淡马锡的董事会构成中，独立董事占到一半以上，目前马淡马锡 10 名董事中，除两人来自政府部门外，其他 8 人均来自独立私营机构，独立董事往往决定公司的走向。最后 3 个专业委员会（即执行委员会、审计委员会、领袖培训与薪酬委员会）为董事会的决策提供依据。

二是严格的政企分开。新加坡国有企业成功的一个重要原因就是让国有企业独立运作，减少政府对其经营和策略的干预。政府作为产权的最终所有者，只行使出资人的职权，与企业始终保持平等的地位。新加坡政府授权淡马锡和下属公司按商业法则进行动作，同时对于淡马锡公司政府也只是行使出资人的职权，不干预其日常经营。同样淡马锡与下属公司也是采取灵活的管理模式,淡马锡对其下属公司的监督主要是审读财务报告。

三是开放的人才观念,高素质的人才队伍。拥有大量的专业人才是淡马锡强大竞争力的重要组成部分,一直以来淡马锡十分重视人才的培养和引进,淡马锡控股团队约350人,分别来自全球22个国家,高层管理人才中有40%来自新加坡以外的国家。

四是利益至上的经营理念。淡马锡公司一直以来以商业价值最大化原则为商业决策理念,以市场原则进行运营。淡马锡控股作为一个商业机构,所有的活动都是基于商业利益做出的判断,所有投资的衡量指标就是回报率。当某一项目需要考虑国家需要和社会利益时,政府必须以公司不亏本为前提,并且给予相关补偿,以保证淡马锡能够赢利。

6. 德国

联邦德国有关法律确定了财政部在代表国家行使国有资产出资人职能方面的中心地位,财政部对所属企业行使出资人职权。政府其他机构投资参股企业的,应当经过财政部书面批准并经议会表决通过。

西方市场经济国家国有企业管理的一个共同特征就是建立了规范的公司治理结构。国家及国有股股东代表正是通过公司治理结构参与了企业的经营管理,将国家股东意志通过股东会、董事会等组织转化为公司经营的方针和策略。与法国不同的是,德国企业监事会是公司决策机构,享有选任董事和决定公司重大事项的权利。监事会由股东和职工代表组成。根据德国有关法律规定,在500名雇员以上的国有企业中,设立由3至20名监事组成的监事会。监事会成员50%由联邦政府代表担任,另外50%由职工代表构成。国家通过其委派的监事会成员来实现对国家股东意志向企业意志的转化。

在德国,国家不是通过指令性计划对企业发号施令,而是通过订立合同的方式确定具体的服务目标,在国家与企业之间建立了平等的契约关系使社会公众从中受益。柏林运输公司是柏林市国有企业,也是欧洲最大的公共运输企业之一,拥有地铁、公共汽车和电车三大运输系统,雇用了12000名职工。由于公交企业基本不盈利,政府通过与运输公司订立合同,为运输公司提供相应补贴,而运输公司则承诺为市民提供便捷的交通服务。

德国十分重视对国有企业和国有资产的监督管理，形成了企业内部监督和外部监督两大体系。

内部监督即国家通过委派股东代表、董事、监事等方式，进入公司机构，通过行使相关权利实现对公司事务的监督管理，维护国家股股东和公司的利益。德国公司有良好的法人治理结构，内部监督机制利用公司机构之间相互分权制衡关系达到了维护公司和股东利益的目的。

外部监督主要是指国家审计机构和其他机构、人员对公司的监督。通过审计机关实现对国有及国有控股公司的监督是德国的做法。在德国，联邦审计署是与联邦最高法院地位相近的独立机构，在履行国有资产审计监管职责方面，因审计对象的不同，其方式亦有所区别：对于国有独资企业，联邦审计署可以不受任何限制，从项目立项开始到招标投标和经营管理的各个环节均可以审计；对于国有控股、参股企业，则侧重于对国有资本投入的必要性、回报力和影响力等重要问题的审查。根据法定职责，联邦审计署可以向社会公布审计确认存在严重问题企业的有关信息，并向有关监管部、委提出处罚建议。

7. 瑞典

在瑞典，工业部国有企业局是所有权行使机构。1998年，瑞典政府在工业部内部设立一个专门行使所有者职能的国有企业局。设立该局的一个动因是将政府的公共管理与国有资本管理分开（类似于中国的"政资分开"）；另一个动因是解决公司治理中的所有权缺位、内部人控制问题。国有企业局对34家国有企业行使所有权。这34家企业占全部国有企业总价值的85%，还有14家金融、房地产、博彩类国有企业由财政部行使所有权，另外的12家国有企业分别由卫生部、文化部等行使所有权。

国有企业局的高级投资经理是国有企业的董事。国有企业局非常精简，只有13名工作人员，包括7名高级投资经理、3名分析员、2名助理和1名局长。7名高级投资经理的作用非常重要，他们负责的范围一般是根据行业进行分工。例如，负责运输行业的高级投资经理的职责是密切注视几家国有运输企业航空公司、铁路客运公司、绿色货运公司、瑞典航空公司的经营状况，随时与局长进行沟通讨论，并作为这些企业的非执行董事行使相关权利。

通过董事会管理国有企业。国有企业局的重要工作之一就是从私营部门物色专业人士来出任国有企业的董事，并促使国有企业建立健全董事会制度。

提高国有企业运营的透明度。国有企业局要求国有企业按照上市公司的财务会计标准编制年度报告，国有企业局自己也像一个投资公司一样编制合并财务报表，并向社会公布。国有独资公司的股东大会向公众和媒体开放，并请专业人士对国有企业的业绩进行分析评价。

瑞典强调经济附加值。国有企业局管理企业的首要目标是实现一个单纯化的经营目标——创造价值，而不是过多地强调承担社会职能等非价值目标。国有企业局引入了一个新的业绩指标——经济增加值，来衡量国有企业的经营效果，并把雇员和管理层的报酬与经济增加值挂钩。

瑞典实行双层委员会。瑞典公司法规定公司设立董事会和管理委员会，类似于德国的双层委员会制度。董事会是唯一对公司发展负责的机构——无论是私有还是国有。国有企业的董事一般由国有企业局提名，股东大会任命。董事长和董事都是兼职，由公司支付数额不高的报酬。为了提高效率，瑞典限制国有企业董事会的规模。到 2000 年，拥有国家股份的各公司董事会成员人数为 3 至 4 人不等。就上市公司来说，国有企业局同其他主要股东一般通过推荐委员会商讨董事会任命。在国有股股权较大的上市公司中，推荐委员会中必须至少有 1 名成员代表政府。

8. 新西兰

在新西兰，由财政部和行业部分割行使所有权。国有股权利在财政部和某个行业部之间分配。新西兰国有企业有两个国家股东（即财政部和有关行业的部），它们共同负责监督和控制国有企业的经营和成果。

外聘型监督和评估。新西兰的特点是对国有企业进行外聘型监督和评估。一个独立的机构——新西兰皇冠监测咨询机构（CCMAU），受财政部委托对新西兰的全部 16 家国有企业进行监督和业绩评估，并对财政部和相关行业部提出咨询意见。该机构与上述两个部门的每个部都订有合同，向这些部门提供有关国有企业问题的咨询。

新西兰企业目标的单纯化和业绩指标：格式化的《企业目标报告》。1986年的《国有企业法》规定，国有企业应实现三个目标：第一，在利润和效率方面可以与私营企业相比；第二，做一个"好雇主"；第三，关注当地社区的需求和利润，表现出社会责任感。一年一度的《企业目标报告》被用来指导和监督每一个国有企业。财政部和有关行业部负责监督国有企业的经营业绩，并核查企业是否遵守每年的《企业目标报告》。

新西兰公司治理结构为发挥中介机构（CCMAU）的作用。国有企业的董事会与国家的关系由《国有企业法》做出规定，而国有企业董事会与管理层的关系则遵循商业惯例。董事会任命国有企业的首席执行官和高层管理人员，决定企业的发展战略，对大规模投资和红利政策做出决策，确保《企业目标报告》符合现有的法规，确定管理者报酬，审批财务报告。新西兰皇冠监测咨询机构董事会的职位空缺，寻找董事的人选并做出各种提名的名单，供政府部门参考。

9. 加拿大

加拿大的国有企业亦称为"皇家企业"，涉及金融、能源、交通运输行业，主要分为完全国有企业和参股国有企业两种。其管理方式主要包括间接管理方式、对经营不好的企业实行出售或转让经营办法以及国有企业私有化方式。

一是间接管理方式。加拿大政府经国会授权，对国有企业进行管理，政府握有企业全部或大部分股份。其管理模式是：只给企业一个发展的轮廓，只对重大事情进行管理，为经营不好的国有企业创造改善环境的条件。其管理手段是任命董事会。政府与国有企业之间关系的关键是：经营计划、商业计划和工资总额由内阁决定。董事会对企业的重大经营活动进行决策，由政府对其经营计划进行审查，特别重大的事情经有关主管部长向内阁请示。

政府对企业的间接管理分为财政管理、税收管理和价格管理。在财政管理方面，财政部审查经营计划和经营战略，批准其借贷计划；国有企业受财政预算约束，红利要上交财政部，但政府账户中不反映企业的亏损，企业亏损由企业向私人举债弥补。在税收管理方面，加拿大利用比较健全的税法规范税收,严格控制税收减免。因为税收的减免对经济的刺激作用是有限的,同时,由于政府不易确定哪些是新投资,哪些是小企业,大公司就可以将利润转移到减税的地区,而且税收在此地区减少,必须在彼地区增加,这是不符合竞争原则和税收原则的。在价格管理方面,根据不同情况,采取不同的定价方式。政府对垄断性国有企业的经营性项目制定垄断性价格,如电话、电报公司采取直接管制价格的办法,鼓励提高效率、降低成本;对于铁路运输,由于美国参与竞争而不直接定价。

二是对经营不好的企业实行出售或转让经营办法。加拿大政府为了刺激经济发展,优化资源配置,改善经济环境,鼓励私人投资和减少政府支出及财政赤字,采取了对国有企业进行私有化的政策。

其私有化步骤为:

(1) 依据两个标准进行审查:看企业是否实现了政府的目标、看企业是否还有盈利能力。未达到此标准的则列入私有化计划。

(2) 提交内阁讨论和批准。

(3) 提出一个帮助这些国有企业逐步盈利的计划。

(4) 当这些企业开始盈利时,就引入法律程序出卖。

三是国有企业私有化方式。国有企业私有化的方式有两种:卖给私人经营、分股出售。目前,加拿大国有企业中有三分之二的企业属于亏损企业,其中有一半是铁路客运、煤矿、海渡等商业性企业,另一半是具有社会服务性质的企业。加拿大政府对于非商业性经营的企业,由财政补贴其亏损,而对那些能够进行商业经营而又亏损的企业,则列入私有化范围。目前,加拿大已有85个国有企业被私有化。通过私有化,加拿大第二国有企业邮政公司在1992年由几年前的亏损企业转变成年盈利1亿多加元的企业。

10. 印度

印度是一个以私有制为主体的发展中国家,但国有经济在印度国民经济中占主导地位并发挥重大作用。印度国有资产的运营与管理亦有其特色。

一是国有企业的组织形式多样化。第一种是部属企业。部属企业是印度国有企业的最初形式。一般情况，铁路、邮电等部门的国有资产由部属企业承担运营任务。这些部属企业的显著特征有：它不是独立的经济实体，要服从主管部门负责人的直接控制，它所从事的重大经营活动事先要得到主管部门的批准，因而成为主管部门的附属物；其资金来源于财政部的年度拨款，其收入也汇入国家总收入，其职员（除雇用的劳动力外）享受政府文职人员待遇；部门企业向主管部门和财政部门报预算并经上述部门审核后再下拨资金。显然，部属企业受行政干预过多。目前，印度国有企业很少采用这种形式。第二种是公营公司。公营公司是按照一定法律程序建立并拥有一定权力和职能的企业组织形式。公营公司主要特点是，公营公司由国家所有，使具有独立法人资格的实体；公司资金由政府提供，一般没有股东；除了用资本投资和补偿亏损的政府拨款外，公营公司还可以独立地筹措资金；公营公司以提供公众服务为经营目的，但可以实行盈利。公营公司虽拥有法律上的经营自主权，但政府始终持有直接干预的权力，尤其是部长拥有董事会成员的任免权等。第三种是国有公司。国有公司是按照国家一般公司法建立的具有法人资格的独立经济实体，具有私有公司的大部分特点，除有关部门的负责人可以管理和控制公司的董事会外，国有公司不受政府的直接控制和管理，对适用于政府部门的预算会计、审计程序，国有公司可以豁免，还可以不服从国会的控制和国会的调查。总之，国有公司比公营公司享有更多的独立自主权。根据印度公司法规定，国有公司可以采取私人股份有限公司和国有股份有限公司两种形式。目前，私人股份有限公司是印度最受欢迎的企业组织形式，其应用范围遍及制造业、采矿业和服务业领域。

二是集中性决策。用强有力经济计划约束国有企业的经营行为。印度计划以协议式间接计划为主，但也包含直接的指令性计划。计划约束手段主要有：由政府控制的银行业和大部分金融业影响对国有企业的贷款规模、结构和利率；用税收和税后利润的国家分配影响国有企业的生产经营行为；国家直接掌握少数重要物资和一部分外汇储备。第一，实行许可证制度。印度工业都下设"许可证委员会"并按1951年通过的工业许可证法负责发放经营许可证，其最终目的是防止垄断和限制私人企业进入某些领域，但实行结果常把一些国有企业统得过死，甚至殃及部分私营企业。因此，20世纪80年代以后几次放宽发证范围。但对于超过规定范围和标准的国有企业仍必须经许可证委员会批准。重大项目还需报计委和内阁会议批准。第二，用行政手段直接介入国有企业决策。主要表现在直接的人事管理，工资管理和外汇使用管理。政府不仅规定一定数量的政府官员任国有企业的兼职董事，而且直接任免董事长、董事和总经理，政府官员兼任董事长也是印度政府干预企业决策的一大特色。

（三）国有资产管理机构设置分类

1. 以财政部门为核心

在对国有资产的管理上，许多国家采取由议会和政府分工管理的方式。议会一般负责国有资产管理基本法的制定并监督实施。政府主要负责国有资产法律的组织实施，并制定一般性工作章程和负责国有资产的行政管理。具体管理职能多由财政部和主管部门分工负责。财政部为国有资产管理的政府综合部门，处于管理中心地位，其职责一般为，拟订或提出国有资产管理的有关政策法规，报立法机关或政府首脑批准并负责组织实施；审批重要国有产权变动；选聘或参与选聘和考核国有产权运营机构的产权代表；负责国有资产经营预算的编制与执行等。各主管部门一般负责归口的国有资产管理，主要职责是任免、考核直属企业的主要负责人，监督国有资产运营和保值增值等。实行这种管理模式的国家主要有：德国、法国、英国、美国、日本等。

一是德国国有资产管理。在德国的国有企业管理组织机构中，财政部是国有资产所有权的代表，监事会是财政部实施对国有企业管理的具体执行机构。

财政部在管理过程中主要实施以下几方面职能：供给资金；为董事会制定业务规则，明确应由董事会同意认可的事项；观察国有企业的发展状况；为国有企业制定经济发展目标；批准董事会的人选及企业新项目的实施；为企业监事会聘任银行家、学术界人士、高级官员等。财政部主要通过监事会对国有企业进行管理，监事会成员包括股东代表和职工工会代表，两方人数相等。股东代表由财政部长选定，但主要来自私人公司的董事或经理、银行家和经济专家,政府官员很少。监事会主席由财政部长推荐,副主席由员工代表担任。监事会的主要职责是,负责组建公司的董事会;讨论和审校董事会的重大决策;审核企业中长期计划;听取和讨论董事长报告,审核公司经营状况、保护股东权利不受经理部侵犯;决定召开股东大会等。

德国国有企业拥有相当大的经营自主权。无论是联邦政府还是州政府,其政策都是对其参股企业实施间接管理。企业的经营绩效主要以市场指标来评价,而不是以实现政府目标所做出的贡献来评价。

二是法国国有资产管理。法国国有企业主要分为从事工商业活动的行政性公共事业机构、工商业性质的公共事业机构、企业以及国家掌握部分股票的混合公司等三类。法国是西方国有化程度最高的国家,其国有企业广泛分布于能源、交通通信、原材料、加工制造、银行、保险等重要经济领域。

股份制是法国国有企业最基本的资产组织形式,企业内部组织一般实行董事会下的经理负责制。董事会的组成实行"三方代表制"原则,国家代表、企业职工代表以及企业专家、知名人士代表各占董事会成员的三分之一。

财政部是法国国有企业财政方面的主管部门,负责决定企业获得的财政拨款数量和国家的参股范围。法国对国有企业实行"三重监督",由政府各部门、议会和审计院三方分别实行管理和监督。政府控制国有企业的主要手段主要包括三个方面,决定企业的领导层,或者是任命企业董事长,或者是任命董事会中的国家代表、知名人士和专家代表;向企业派驻国家稽查员和主管部门代表,监督国有资产的经营情况;掌握重大投资、收入分配及价格制定等方面的决策权。议会对国有企业实施监督主要通过议会下属调查委员会和监督委员会就有关事项进行调查处理。审计院则负责每年对国有企业的账目进行事后稽核,检查企业财务收支是否合乎规定,评估企业的经营绩效。

法国从国家与国有企业的关系、国有资产的企业组织形式、企业领导体制,到国有资产的财务、税收、审计、雇工、工资以及计划合同等各个方面,都有明确的法律法规,这使政府的管理工作做到法律化、制度化,为处理国有资产管理遇到的各类问题提供了法律依据,也为国有企业的生产经营活动提供了法律保障。

三是英国国有资产管理。英国的国有企业也可以分为政府直接管理的国有企业、具有独立法人地位的国有企业，以及公私合营的国有股份公司三类。英国国有企业大多数采取董事会领导下的经理负责制。由董事会作为连接政府和国有企业的桥梁，使政府的政策意图可以通过董事会得到贯彻执行，又使企业享有了一定的经营自主权。英国对国有企业的管理可以归结为任免董事会成员、控制企业的财务和制定企业目标三个方面。主管大臣任命所有的董事会成员、规定国有企业的财务处置权限，并要求企业努力完成政府主管部门制定的盈利、扭亏等财务指标。

英国议会是国有资产的最高管理机构。议会通过立法管理和控制国有企业，国有企业的建立、改组、废除以及非国有化等重大问题必须由议会通过专门的法令决定，否则不具有法律效力。议会立法明确了国有企业的职责、机构、权利义务，未经议会同意不得改变。

在国有企业具体管理方面，英国议会授权给各主管部门，委托他们进行具体管理。其中，财政部从总体上对财务负责，确定对国有企业的资助额、审批各主管部门投资报告，并对财政拨款的执行情况进行监督。

四是美国国有资产管理。美国政府历来反对利用国有化干预经济运行，国有企业在国有经济中所占比重很低，在工业领域不足1%。但在基础设施、公用事业、科学技术研究等方面，国有企业比重较高。在尖端科学技术研究领域，政府投资更是占到80%以上。

美国国有企业的组织形式主要有政府拥有和经营的公司、国有民营企业和国家参股制企业。美国政府对国有企业的管理主要体现在人事管理和财力管理两个方面。完全由政府控制的公司其董事会成员由总统任命，并提交参议院审批。国家参股制企业由总统和主管部长任命部分董事，其余董事由股东选举产生。

美国对国有资产的管理以1945年通过的《政府公司控制法》为基础。根据这一法律，财政部是企业国有资产管理的核心。国有企业如需要从国会取得拨款或者向财政部和联邦银行借款，则必须向国会提交财务报告、接受国会的预算控制。政府还需对国有财务进行审计。

五是日本国有资产管理。日本的国有企业主要分布在铁路、邮政、电信、基础设施等公共事业以及金融、烟草、盐业等行业，在制造业中几乎没有国有企业。

在管理体制上,日本对国有企业实行高度集权的管理模式。大部分国有企业依据国会制定的特别法律进行设立、经营和管理。政府受国会委托对国有企业进行管理,政府行政机关直接经营国有企业。政府主管部门决定企业的人事任命,国有企业工作人员受国家公务员法的约束。企业重大经营决策、财务预算审定、利润分配等,都由政府决定,企业自主权较小。

日本国有资产管理的执行机关主要由政府各主管部门和大藏省构成,其中大藏省是总管辖机关,下设理财局专门负责国有资产管理。此外,还设有国有资产咨询机关和监察机关。咨询机关由中央及地方审议会组成,回答执行机关的询问,并提出建议。监察机关对国有资产运营的各个环节进行监督。

2. 以控股机构为核心

在对经营性国有资产管理方面,意大利、奥地利、新加坡等国家采取国有控股公司这一组织形式,即在中央政府部门和基层企业之间根据所管理资产的数额和分布设立若干国有控股公司。这些控股公司一般为企业法人,受政府部门委托经营受托范围内的国有产权。采用国有控股公司形式经营国有产权具有三个方面的积极作用:有效防止政府对国有企业过多的行政干预;使产权关系明晰化;促进了国有资本运营效益的提高。

一是意大利国有资产管理。意大利国有企业的分布范围很广,几乎没有一个经济部门不在其活动范围之内,但以石化、冶金、机械、运输工具制造、水电供应、电信等资本密集型部门为主。按照经营方式和隶属关系的不同,意大利的国有企业可分为国有自治公司、市政公司、国有化公司、国民参与制企业四种类型。国有自治公司一般处于国家垄断行业,由相应的政府主管部门进行管理。市政企业一般是城市公共设施经营公司,大多数属于地方政府所有。国有化企业的资本完全属于国家,经营方式与一般企业相似,但不是股份公司,由相应的政府主管部门管理。国家参与制企业由国家控股公司以参股、控股方式管理的国有化程度不同的企业,基本上按照市场法则组织经营活动。其中,国家参与制企业是意大利国有企业的主要形式，也是意大利国有企业的特色。

在国家参与制企业的基础上，意大利形成了以中央专门机构综合管理国有资产所有权、各控股公司分散管理国有企业的管理体制。整个管理体制分为三层：上层是经济计划部际委员会和国家参与部，中层是各级控股公司，下层是从事生产经营的参与制企业。经济计划部际委员会的主要职责是：制定控股公司的政策目标、检查计划的执行情况、审查控股公司提出的国家拨款申请、协调政府不同部门的政策等。国家参与部是意大利政府专职管理国家参与制企业的机构，它的职责是通过各大控股公司全面管理国家在各个生产部门和服务部门所拥有的股权，监督和协调国家参与制企业的活动。具体为：任免所属控股公司的领导人、决定其董事会成员的组成；为国家参与制企业确定总体经营目标和发展方针；监督国家参与企业是否执行本部指导，是否遵守经济管理规章。

国家控股公司，主要包括伊里公司（意大利工业复兴公司，IRI）、埃尼公司（国家碳化氢公司，Eni）和埃菲姆公司，其所有权完全归国家所有。它们的职责是负责管理国家拥有的企业股份，督促国家参与制企业执行政府指示，指导、协调企业的投资、经营和生产活动，向企业提供必要的财政支持、信用担保和信息技术、人才等服务，并保护企业的利益。国家通过控股公司购买或出售企业股份、行使股权，确保国有资产的保值增值。参与制企业具体从事生产经营活动，它们在市场上与私营企业处于同等地位。国家只参与企业总体经营目标的制定以及对企业主要领导人的任免，除此之外的一切事务由企业自主决定，企业享有很大的经营自主权。

二是奥地利国有资产管理。奥地利于1986年4月根据国民议会颁布的"奥地利国有化工业法"，创立了奥地利工业股份公司。奥地利政府对国有企业的管理，主要是通过工业控股公司监事会来实施。工业控股公司监事会的成员为：政府代表、工人协会代表和其他成员（有经验的经济专家、国有企业的经理、私人企业的管理者等）。设立工业控股公司后，奥地利政府不再干预企业的正常经营活动，不再向企业提供盈利以外的其他社会目标，也不再承担企业的亏损补贴或提供优惠贷款。

奥地利国有资产的终极所有权及其具体职能的行使，委托给公共经济和交通部长提名组成的专门机构，但公共经济和交通部长不直接参与国有企业财务管理，其主要任务是制定和修改联邦预算法和当年预算，并提交国民议会审议；依法为国民议会征税；派代表参加公司最高层次的决策管理，对监事会主席的领导工作进行监督。

三是新加坡的国有资产管理。新加坡的国有资产主要形成于20世纪60～80年代，其国有企业可分为三大类：全资国有企业、国有公司和国家参股公司。全资国有企业主要负责社会基础设施的建设和发展，其资产全部属于国家所有，依据国会专门立法设立和运作，生产经营受国会直接控制，在人事安排、资金管理、财务计划、收益分配等方面都没有自主权。国有公司指政府拥有企业全部股权，或者具有控制地位的国有企业，其董事会成员及总经理由政府任命，资金源与运作由财政部控制，政府通过董事会对企业生产经营进行指导和监督。国家参股公司按公司法的规定在政府有关部门登记注册后取得法人资格，在生产经营活动中，与私营企业一样平等竞争，政府以股东身份参与企业管理，对符合产业政策、经济效益较好的国家参股公司给予税收优惠等政策支持。

在管理体制方面，新加坡政府设有董事委员会，专门负责任命控股公司的董事长。企业经营方针、投资方向等重大事项由董事会决定，日常经营活动由经理独立负责，政府部门不直接干涉企业经营。政府有关部门及审计署、注册局、税务局等负责监督企业财务。总理直属的肃贪局负责对公务员、国有企业职工进行监督。

3. 以综合协调机构为中心的多部门管理模式

这种模式的基本特点表现为政府通过设立一个综合协调中心与其他有关主管部门共同管理国有资产。

印度国有企业主要分为三类，非股份制的部属企业、非股份制的公营企业和政府公司。部属企业一般不是独立的经济实体，企业没有经营自主权，企业重大经营活动需要得到主管部门的批准，企业收支纳入政府预算管理，企业实质是政府的分支机构而不是真正意义上的企业。公营企业是印度目前国有企业的主要组织形式，这类企业是根据国家特定的法律建立的，企业拥有较大的独立性。政府公司是根据公司法注册成立的、拥有全部或多数股份的国有企业。

在管理体制上，印度政府设置了一个具有咨询、服务和监督性质的国有资产管理职能机构——公营企业局,与政府各主管部门以及审计委员会共同行使管理国有企业的职能。公营企业局并不独立行使国家所有者职能,只是一个为政府各部门更好地行使所有权职能提供服务的综合协调机构。但在进行协商的同时,它对所有国有企业的经营活动进行全面监督的职责。从整体上看,印度政府对国有企业的管理主要是通过各主管部门实现的。主管部门通过下达计划指令对所属国有企业进行全面控制,负责任命企业董事长和总经理。

印度政府对国有企业的管理是典型的集权管理,其主要方式包括政府对企业实行直接人事管理、工资管理和外汇使用管理,对国有企业实施强有力的经济计划并实行许可证制度等。财政部对企业财力预算进行监督,国有企业除按税法缴纳所得税之外,一部分税收利润以股息方式上缴财政部。同时,印度国会下属的公共会议委员会、预算委员会和国有企业委员会也有一定的国有资产管理职能。公共会计委员会主要负责审查国有企业提交的各种经营报告,预算委员会主要审查国有企业预算和改革方案,国有企业委员会代表国会专职负责对国有资产的管理。

(四) 以管理方式分类

1. 法国的分类管理和计划合同方式

法国政府把国有企业分为垄断性国有企业和竞争性国有企业,采取不同的管理方式。对于垄断性国有企业,法国政府控制程度较高,管理较为严格,企业的自主权相对较少,企业的投资规模、借款数量、产品和劳务的定价以及工资的增长幅度等都由政府决定。对于竞争性国有企业,政府的管理仅限于任命企业的主要领导人和对资产的流入流出进行监督,而非直接控制。企业拥有较大的经营自主权,基本与私人企业处于平等的竞争地位。

计划合同方式即政府将国有企业以签订合同的形式交给资产经营者经营,国家按计划合同的约定收取费用和利润。计划合同的签订是通过双方协商谈判进行的,国家和企业间签订计划合同的目标包括两个方面:一是通过谈判协调使国有企业承担责任,使其制定的企业发展战略与国家计划目标相一致,通过企业来实现国家计划规定的优先实施目标、项目；二是在企业内部建立社会对话，共同调节计划合同和本企业发展计划的各项目标，达到动员国有企业及广大职工来实现这一目标的目的。

2. 意大利的国家参与制方式

意大利的国有控股公司处于国家参与制系统的中心位置。控股公司按照政府有关法令组建，按照私营公司的法令和条例经营。作为集团公司的母公司，控股公司有别于享受特殊政策的国有企业。其所属的二级控股公司，有的由母公司全资控制，有的由母公司控制但其他二级控股公司参股。二级控股公司控制的下属企业都是股份公司，股票可以上市。

国会和政府对控股公司的职责，主要体现在任命董事长、副董事长、总经理，批准公司的投资计划、中长期计划、年度报告和财务报告，协调公司的经营计划等几个方面。母公司通过资产纽带，对所属公司的人事、计划、投资、科研等按照统一的发展战略进行协调和管理，并对其财务、经营以及项目投资的评估和审批进行监督和控制，从而有效地组织国有资产的有偿调剂和转移，实现保值增值。

3. 德国的托管经营方式

在德国，各级政府举办的企业分别隶属于联邦、州和地方政府，各级政府对隶属于同级政府的资产拥有完全的所有权，上级政府无权干预下级政府所属企业的管理事务。

在政府所办的企业管理上，中央政府管理的国有资产一般是与整个国民经济结构优化和资源配置直接相关的经营性资产，地方一般负责与改善投资环境和人民生活条件相关的基础设施、福利设施、公益事业项目的投资管理。这样既有利于明晰产权和中央的宏观调控，又避免了中央和地方的重复投资和建设。

4. 美国的出租经营方式

美国的出租经营方式一般运用于纯国有企业。在这种经营方式下，政府将国有资产按照一定的租赁合约出租，给承租方经营。国家对国有企业的管理依照租约向承租方定期收取租赁费，租赁费一般由折旧费和利润构成。租赁期限和承担责任期限由租赁双方商定。承租者在租约规定期限内有经营自主权，承租人可以使用国有资产生产和销售产品，政府不加干预。政府如在某个时期需要某种产品，可通过和承租企业签订收购合同取得产品。

美国政府对官私合营企业广泛实行以主承包商为首的系统工程承包合同制方式。这种方式是由政府作为产品计划的招标人，按照择优原则，选定一家（或数家）投标公司为主承包商。主承包商与国家直接签订承包合同，并负责管理整个系统承包工程。主承包商通过发包将部分订货任务发包给其他转包商。各转包商可以再转包。这种层层转包的方式有利于政府按任务、项目、优先次序进行统一规划和划拨资金，有利于提高企业生产积极性，有利于企业明确目标、职责并生产出高质、优价、系统配套的产品。

5. 新加坡的不同资产不同管理方式

根据国有资产的不同类型采取不同的管理方式，新加坡对国家投入基础设施、社会服务领域的资产，以及投入经营领域的资产分别设置了不同的管理机构，按照国会制定的不同法规进行不同管理。

对前一类国有资产，政府设置若干法定机构，按议会制定的专门法律进行管理，不以营利为目的，主要是营造良好的市场条件，为实行公平竞争、促进经济发展服务。对后一类国有资产，政府设立若干控股公司，主要依据公司法，与民间资本平等竞争，追求盈利的最大化。新加坡根据国有资产的不同类型采取不同的方式进行管理，在宏观上取得了良好的效果。在这种模式下，不同的国有资产发挥着不同的作用，整体的国有资产实现了社会目标和盈利目标的统一。

（五）国外经营性国有资产监管共同特征

根据管理工作的需要，各国政府对其国有资产管理都制定了相应的政策、制度及管理措施，这些政策与措施由于国情不同差异很大但也有一些相同或相似之处。

1. 国有经济发挥着重要作用

根据世界经济潮流的发展变化，尽管各国在不断调整国有经济布局，但国有经济在带动和调控整个国民经济的发展和运行中仍肩负着历史重任。不论是在煤炭、铁路、钢铁和基础设施建设等传统的国民经济主导部门，还是新兴的主导产业，在建立之初都具有投资规模大、建设周期长、投资风险高的特点,私人资本无力或不愿进入,需要国有经济的强力支持。从这个意义上说,国有经济在国民经济中发挥着重要作用。

2. 西方主要国家进行的私有化运动

西方主要国家进行私有化运动,根本出发点就是使国有经济顺应世界经济结构的变化,调整国有经济发挥作用的领域,重新确定国有经济的领导地位。但在将国有企业出售给投资者的同时,国有资本并没有简单地消失,而是将相当一部分出售国有资产的收入用于对高科技产业的投入。在此基础上,西方各国普遍加大了对高科技产业的投入,尤其是对见效更慢的基础理论研究的投入,形成了大量新国有资产。

3. 对国有经济进行分类管理

分类管理是西方各国管理模式的共同特征。作为国有资产产权主体的国家,其行为目标具有多重性,相互之间可能存在冲突。如营利目标和就业目标之间,往往会发生严重冲突因此较好的方法就是对国有资产进行分类管理,使之分别承担不同的目标。对国有资产分类管理,明确不同的追求目标,有助于增强管理的针对性,也有利于协调不同的政策目标,从而从整体上提高国家资产的利用效率。

4. 实行所有权约束下的所有权与经营权分离管理方式

很多西方发达国家(如美国)都强调企业的经营自主权,对部分国有企业实行承租经营和系统工程承包合同制,政府通过合同或契约来约束企业行为,而不直接干预企业的生产经营。

5. 实行集中与分散管理相结合的管理方式

从实践来看,各国均明确国有资产的财务管理机构,并赋予其较大的权力,具有相当的权威。因此,国有资产的财务管理机构普遍成为国有资产管理的主导机构。在具体管理上,各国往往实行分散与集中相结合的管理方式;在纵向上,分为中央和地方两级管理结构,地方服从中央;在横向上,针对企业的财务、人事和业务分别设有相应的管理机构,其中以财务管理为重点。

6. 加强国有资产的立法管理,形成统一的国有资产管理法律体系

依法管理国有资产是发达国家的共同特征,并且立法的层次比较高,大多数是由国会通过。国有资产管理的各个方面均有法律依据,甚至专门为某个国有企业立法,规范其设立、运行、管理和消亡等各个方面,国有企业的私有化也在有关指导下进行。依法管理国有资产不仅提高了管理的权威性、保持了管理的连续性,也明确划分了管理主体之间和管理主体与国有资产运行主体间的权利义务关系,确定了各自的职责边界和权利范围,使国有资产的运行具有稳定性。依法进行国有企业改革则提高了改革的透明度和可预期性,不仅有利于改革顺利进行,也有助于稳定社会环境。

二、国内经营性国有资产集中统一监管模式

建立健全适应社会主义市场经济要求的国有资产监管体系是我国经济体制改革的重要组成部分。政府能有效配置国有资产使其发挥最大利好作用,地方国有资产监管体制形态必然起着举足轻重的作用。经过长期以来的探索和实践,我国逐步建立起统一、分层次的国有资产管理体制,于是我国各地方政府在统一体制模式框架下结合当地发展实情初步建立了各具特色的国有资产监管模式。由于各地市场发展水平、国有资本分布状况、国有企业类型以及政府管理方式不同,因而各地国有资产管理体制模式也存在一定差异。

(一)深圳模式

深圳市是走在我国国有企业改革前沿的城市。从 20 世纪 90 年代开始,深圳市就在经营性国有资产监管模式上进行了一系列探索,并取得了重大突破。

1996 年,深圳市构建了"市国资委—国有资产经营公司—国有企业"的三层次架构。第一层是市国资委,市国资委作为政府的特设部门,履行出资人职责,实行管人、管事和管资产相结合的监管。第二层是三家国有资产经营公司,市国资委授权委托各国有资产经营公司对下属国有企业进行监管,以国有资本出资人角色,代表政府对授权的国有资产

直接行使资产受益以及重大决策和选择经营者等权利和责任。第三层是各类国有独资公司、国有独资企业、国有控股和参股企业作为独立的经营实体。这种三层模式架构也是目前我国大多数地方政府所采用的监管模式层级制度。

2004年，深圳市将多家国有资产经营公司合并，改组为深圳市投资控股有限公司，以产权管理、资本运作及投融资业务为主业。同时为了减少多层次监管导致的委托代理问题，深圳市建立了"国资委—国有企业"两层次的国有资产监管模式，进一步实现了"政资分开、政企分开"和"管资产与管人、管事"相结合，缩短监管链条，创新了国有企业监管模式。深圳市国资委直接对20家直管企业承担出资人职责，同时借助履职平台解决规模小、质量差等劣势企业的整合与退出问题，较好地解决了国资监管运营中的委托代理问题，降低了交易成本，提升了监管运营效率。2007年，深圳市国资委成立深圳市国有资本运作平台——深圳远致公司；在实际运营中，逐步形成了以深圳市国资委直接监管为主，深圳投控公司和深圳远致公司等国有资本投资运营公司辅助履职、产业集团专业化运营的国资监管运营新体制。

深圳市国资国企改革可取之处在于加强监管制度创新，完善监管体系：一是作为市场化的出资人和政府的监管者，国资委坚持放管结合，进一步放大了企业的自主经营权，既管住了国有资产的权益、又促进了企业的经营收益，形成了权责分明的市场化国有资本运营监管新机制。二是提高监管效率。行政简政放权，最大程度地减少对国有企业的干预，简化办事流程，缩短了投资管理的审批期限。

然而，深圳市国有资产监管模式在实践中存在以下不足。一方面，进行国有资产监管的机构较虚化。深圳市国资委并不能及时决策和进一步实行国有资产管理，以及解决基中产生的主要问题等。而深圳市国资办只是国资委的办事机构，相对实际权力较小，难以实现国有资产的监管等功能。另一方面，资产经营公司所行使职能非全面化，所谓的管资产、管人和管事在实践中并未做到。资产经营公司的职能行使所有者职能并实行资本经营，而在实践中不够规范化。可以说，资产经营公司就如同公司的上级主管部门，它对下级并没有充分的自主任免权。

（二）义乌模式

2000 年，义乌市将原属财政局的国资经营公司改组为国有资产投资控股公司，开始对经营性国有资产实行集中管理。2009 年 3 月，义乌设立义乌市国有资产监督管理局，而后，义乌对市属国有资产进行重新优化组合，挂牌成立义乌市国有资产经营有限责任公司、小商品城恒大开发有限责任公司、市交通发展有限责任公司和市公用事业有限责任公司四家市属国有资产经营公司。2011 年，义乌设立了义乌市国资委，并将所管企业进行整合重组，按照资产性质调整企业的分布领域，加强国有资产财务、资产和人事方面的监管职责，制定更加明确细致的监管企业经营业绩考核，促进企业履行社会责任。

义乌市国资监管体制改革主要有以下几点内容。

（1）深入推进国企领域"最多跑一次"改革，更大力度深化简政放权、放管结合、优化服务改革，遵循市场经济和企业发展规律，建立健全国有企业市场化体制机制，最大程度地激活国有企业活力和创造力。

（2）强化以管资本为主加强国有资产监管职责，按照市场经济规则和现代企业制度要求，重点管好国有资本布局、规范资本运作、提高资本回报、维护资本安全，建立完善以管资本为主的国有资产监督管理体制。

（3）强化出资人监督职责，坚持出资人管理与监督有机统一，健全监管制度，改进监管方式，严格责任追究，加强监管协同、提高监管效能，促进国有企业持续健康发展。

（4）全面落实政企分开、政资分开、所有权和经营权分离原则，准确把握国有资产监管机构职责定位，将依法应由企业自主经营决策的事项归位于企业，将延伸到子企业的管理事项原则上归位于一级企业，将配合承担的公共管理职能归位于相关的政府部门和单位。

（三）上海模式

上海市早开始着手了国有资产管理体制改革工作，目前形成了三层次的国有资产监管模式。其中处在第一层次的是上海市国有资产管理委员会，第二层次是国有资产运营机构（即各控股集团公司），第三层次则是国有独资、控股或参股公司。上海国有资产管理委员成立于1993年，此后上海市按照政企分开、政资分离和精简高效统一的原则，将原有各主管局逐步撤销，改建成控股集团公司（即国有资产运营机构）。在具体实施过程中，上海市主要依照现存行业系统格局，以大类行业为主要依据，以原各主管局改制为基础而组建国有控投公司，以负责国有资产的运营，主要采取了以下六种具体形式：其一，撤销主管局，将其整体改制为国有控股公司、授权经营国有资产；其二，撤销主管局，并将其拆分组建为多个国有控股公司、授权经营相应的国有资产；其三，撤销主管局，并将多个相关的原主管局合并建议一个国有控股公司、授权经营国有资产；其四，直接将大型集团公司改组成授权经营的国有控股公司；其五，将原有的多个具有相似性或相互关联的集团公司合并成一个国有资产授权经营的控股公司；其六，将原先已经成立的几个控股公司整合组建成更大的大型国有控股公司。经过多年的这种渐进式的改制、整合与完善，最终形成了以国有资产管理委员会为核心的"三层次"国有资产管理体制，实现了国有资产管理委员会对各国有企业及国有资产管人、管事和管资产的"三管"相结合的有效形式；还实现了对经营性国有资产和行政事业性国有资产统一管理。

上海市国有资产监管也采用了三层级设置。但与深圳市国有资产管理不同的是，上海市国有资产管理体制实行"两级政府、两级管理"的基本原则，各级政府设置的国有资产监督管理部门的职能也比较一致，但其上下隶属的强制关系并不强，两级政府对国有资产的监管都是"各司其职"。

但与此同时，上海市国有资产监管模式也存在一定缺陷，这至少包括如下两点：一是未对竞争性行业和非竞争性行业的国有企业及国有资产实施分类监管、差别对待；二是其国有控股公司（即国有资产授权经营企业）在一定程度上仍有部分行政职能，从而使未能彻底实现政企分开。

（四）浦东新区模式

上海市浦东新区国有资产监督管理委员会于2009年成立，是区政府工作部门。浦东新区政府授权，代表区政府履行出资人职责，监管本区国有企业的国有资产。

在监管体制方面，初步理顺了区委政府、国资委和国有企业之间的关系，明确了管资产与管人、管事相结合的国资监管体制，国资监管逐步从出资人的角度，从基础管理向企业"三重一大"方向发展。采取各种方式，累计对近300户行政事业单位所属企业实施脱钩，区属所有企业基本都纳入了国资委监管体系当中。

在监管方式上，强调出资人的管理职能，从监管企业的资产分布管理、投融资管理、经营业绩考核管理、收益分配管理等方面不断加强，并让国有企业在保值增值的同时，围绕政府赋予的社会公益功能，大力发展公共事业。建立符合当地特点的企业法人治理结构，建立完善了国有企业董事会，打造了浦发集团董事会试点，在完善的现代企业制度建设方面积累了一定经验；强化了国有企业监事会制度建设，实现了国有企业外派监事会，配备了专职人员，强化企业经营管理全过程监督。

在监管深度上，加强对区直公司的监管，监管重点转移到上市公司和一些处于重点领域的体量大的国有公司，重点对"三重一大"决策制度等专项检查，并配套相关制度，防范国有企业经营风险，提高监管的针对性和有效性。加强国资监管信息化建设，通过信息平台对国有资产进行监管，覆盖率达到了90%以上，大大提高了国资监管工作的透明度。

上海市浦东新区国有资产监管模式改革的可取之处在于：国资委内部优化由管理型职能逐渐向服务型职能转变，简政放权，优化监管事项和责任清单，构建以管资本为主的、分类监管、权责匹配、职能明确的监管体系，逐步形成"国资委—平台公司—具体企业集团"的三层次监管工作格局。

（五）珠海模式

1999年，珠海市对国有资产管理体制进行重大调整和改革，形成"一委两局、三层架构、二个体系"的监管模式。

"一委两局"是指中共珠海市委企业工作委员会、珠海国有资产经营管理局、企业董事管理局的统称，并且在企业工作委员会设立企业纪律检查工作委员会，有市纪委和企业工作委员会双重领导。"一委两局"

构筑了"三位一体"强有力的组织体系。

"三层次"是以"国有资产管理部门—资产营运机构—企业"为监管主体进行国资监管。第一层的珠海市国经局管理全市国有资本形成的企业，除国有资本收益权外，基本拥有管理国有企业的所有权力，而"三位一体"的组织形式，使国经局既有行政职能、又有出资人代表的经营管理职能，对国有资产具有较强的管控能力，确保了重大改革措施的有效实施。第二层次的国有资产运营主体对授权经营范围内的国有企业进行经营管理，享有国有企业经营班子任免权、资产监督管理权，承担国有资产保值增值任务。第三层是国有企业，国经局、资产经营公司或企业集团公司依照《公司法》等法规，对各个经营主体实施监督与管理，之间的纽带是产权关系，而不是行政上下级关系。

"三个体系"包括以纪检、财务总监、内部审计为主体的监督体系；以企业重大决策、班子建设、收益分配以及政策制定、企业党建等为主要内容的管理体系；以资产保值增值指标、资本营运效果、企业社会贡献等为主要内容的运营体系。

2004年，珠海市人民政府国有资产监督管理委员会挂牌成立。这一阶段，珠海市没有停止改革的步伐，国有企业监管的"三层架构"模式得到发展。逐步撤销了各家资产经营公司，还对各家市管国有企业集团公司实施了公司化改造，依法建立和完善法人治理结构，国资监管不仅覆盖国有控股集团，还向重要的二级企业（如上市公司）进行了延伸，直接派驻了董事、监事等一线监督管理人员。

联结上述三层组织架构的纽带是产权关系，根据市人民政府授权，第一层的国资委是第二层国有控股集团公司的直接出资人，且是100%的出资人，第二层国有控股集团公司是第三层经营性国有独资及国有控股公司的出资人或主要出资人，每一层对下一层以产权关系为纽带，依照《公司法》《企业国有资产法》等法律、法规履行出资人职责，维护出资人权益。

在实际中，除了资本性投资形成的产权关系，第二层的国有控股集团公司与第三层的经营性国有独资及控股公司往往还有其他重要的关系为纽带，如第三层公司的法人代表、董事长由第一层公司组织机构的主要领导担任，这应属人事关系的纽带。又如，第三层公司主要项目投资的资金来源主要来自第二层的集团公司,这属于资金关系纽带。此外,许多第三层的公司由第二层投资形成,而非通过重组划拨形成。第二层公司的企业文化对三层公司产生强烈影响,这就形成了企业文化纽带。珠海市国有企业的监管模式在发展和完善中,应关注上述特点,不应片面强调产权关系纽带,而忽略了其他关系纽带。

在实际监管过程中,珠海市国有企业监管存在着如下不足之处。第一,珠海市国资委被赋予监管国有企业的多项职责,出台较多的监管规则,监管工作趋向于细化,监管过细,增加监管成本。第二,监管规则未得到充分遵守,国资委能力有限、监管失灵。第三,存在隐性"内部人控制"问题。在形式上,珠海市部分市管国企实现了董事长、总经理分设,但管理理念并未发生实质性变化,现代企业制度在部分国有企业似乎失灵。

珠海市国有企业监管方式正向出资人管理转变,其中重点推进了董事会建设工作。自2009年起,珠海市国资委按照先试点再全面推行的方式,不断推进国有企业董事会建设工作进程。至2012年初,已有五家国有企业推行规范的董事会运作机制。这些企业的董事长、总经理基本实现分别设立,外部董事已多于内部董事,初步实现决策层、监督层与执行层相对分离。同时,各家市管国有企业以修订企业章程为基础,健全了董事会议事程序及议事规则,国有企业决策向科学化、程序化道路迈进。

(六) 乌鲁木齐模式

2000年,乌鲁木齐市在市国资办基础上成立了市国有资产监督管理委员,按照市人民政府授权,履行市属经营性国有资产出资人职责,依法对乌鲁木齐市所属的国有资产进行监督和管理。乌鲁木齐市在国资委成立之初,为妥善解决出资人代表等国有企业改革中的难点问题,通过整合重组等方式设立了乌鲁木齐城市建设投资有限公司和乌鲁木齐国有资产经营有限公司两家国有独资投资公司,负责国有资本的运营;改制后的国有企业以及政府持有的其他经营性国有资产,均经过国资委授权,由这两个资本运营机构代表市国资委履行出资人职责,并相应地享有所有者权利。由此,乌鲁木齐市也形成了以市国资委为第一层次,两家国有资本运营机构为第二层次，各国有独资企业、控股企业及参股企业为第三层次的三层次国有资产监管架构。然而，在三层次的国有资产监管模式运行了一段时间后，乌鲁木齐市国资委对部分大型国有企业及其集团直接参与监管，使原先的三层次架构被改变。即乌鲁木齐市国资委除对两家国有资本运营机构实施直接监管外，还对部分大型国有企业及其集团实施直接监管，从而形成了类三层次监管模式或者说是两层次半监管模式。

　　乌鲁木齐市国有资产监管模式存在着一定的不足。第一，国有资产监管体系不完备。企业重大决策是按照法人治理结构报告董事会，由董事会做出决定，还是按照行政管理权限报告市国资委，由市国资委做出决定？不论三层次构架还是两层次构架，必须将市政府、市国资委、市国有资本运营机构之间的关系界定清楚，如果市国资委既要履行监管职能、又要对经营过程加以影响，在国有资产监管实践中就会产生许多的矛盾。第二，监管效率低。乌鲁木齐市国资委作为地方企业国有资产的出资人，同样担负着监督管理本地出资企业的职责，在制度建设方面，乌鲁木齐市国资委主要是参照国家国资委对中央企业的监管制度，制定对本地区国有企业监管制度，内容比较宏观和笼统，业绩考核制度的制定也趋于同质化。第三，委托关系不清，资产结构调整不力。就乌鲁木齐市国有资产两层次半构架的监管体系来看，市政府给市国资委的授权只有原则而没有细则，这在市政府或市人大方面都没有给予明确的规定或立法，以至于使市国资委扮演着办事机构而不是出资人的角色。在市国资委对市国有资本运营机构的委托关系上，市国有资本运营机构看似一家法人机构，但同样没有获得市国资委明确的授权，职责关系不清晰，因而投资经营要事事请示市国资委，没有市国资委明确指令，董事会的决策无法有效执行。曾经制定的一些制度和划分的权责关系也经常改动。由于市政府对市国资委的委托关系权责不明确，市国资委对国有资产结构调整工作在国有资产监督管理战略规划中没有编制，更谈不上市政府批准规划；所以，在得不到市政府支持的情况下，国有资产结构调整就无法进行。

（七）重庆模式

重庆市国资委成立于 2003 年。实行的也是典型的三层次监管架构设置，其基本模式为"市国资委—国有资产运营公司—国有企业"。市国资委作为国有资产出资人代表，履行出资人职责；又作为委托人，监管国有资产运营公司。与传统三层次监管架构不同的是，重庆开全国先河，授权国资委对金融资本和工商产业资本实行一体化管理，极大拓展了国有资源的配置空间。

以此为根基，重庆市国资委根据分类管理原则，通过市场化运作，催生了"条块结合"的监管模式。具体来说，就是市国资委把国有资产的管理职能委托给 8 家资产经营公司（现已发展到 10 家）运作，各司其职，形成板块模式，此为"块"。而国资委主要负责监督职能，通过财务审查、绩效考核、重大事项审批以及重大人事任免等方式对国有企业进行监督，此为"条"。由此，重庆市国资委的监管模式便分为"块"和"条"的前台、中台分工，而又通过规划发展处、政策研究室等后台处室衔接，从而形成"条块结合"的新型监管模式。

总体而言，重庆国资监管模式可以概括为"三项体制"，即管资产与管人、管事高度统一的国资监管体制；产业资本和金融资本一体化的国有资本运营管理体制；以渝富公司、八大投资集团公司等资金运作平台为核心的国有股权监管体制。同时，重庆市还由市政府主要领导兼任市国资委主任和党委书记，此外，重庆实施"整体上市"战略，不但缩减了监管层次，还充分利用了外部监管资源（如证监会、中介机构、机构和中小投资者、公众舆论等监督资源），有力推动了地方国有企业经营管理机制的变革，国有企业监管体制也因此发生深刻变革，国资委也更有精力将工作重点放在民生及公用基础设施行业。在这些行业中，最出名的就是八大投资集团。

重庆模式可借鉴之处是，市政府高度重视国资委在地方国有企业（包括地方金融企业）中的特殊作用，坚持地方优势国有企业整体上市、其他国有企业按上市公司的基本要求实施改造，以此深化地方国有企业改革，实现市场化配置资源、转变国有企业经营机制、建立现代企业制度，在国有企业深化改革的进程中国有企业的监管模式也实现了创新。

然而，政府在行使公共管理职能和履行出资人职责的权力界限不够清晰。按照管资本为主的要求，国资监管机构的行权履职方式需要进一步改进，监管的针对性、有效性有待进一步提升。国资监管队伍的专业化素质亟待提高，还存在管得太多、太细乃至越位现象，对企业相关事项的审批流程仍较复杂，在一定程度上束缚了企业自主决策的效率，制约了企业发展的活力。国有企业惩治和预防腐败体系还不健全，监事会履行职能发挥不够，对企业管理人员的监督力度还需加强。

（八）南宁模式

南宁市采用的也是三层次的国有资产管理体系。第一层是南宁市政府及市国资委，负责对全市国有企业及国有资产实施全面的监管；第二层是市国有资产管理局，负责对国有企业进行日常管理；第三层是市政府授权的大型国有企业及集团公司，负责国有资产的经营。

2002年南宁市政府批准成立了具有独立法人资格的南宁市资产经营有限责任公司；在市国有资产监管部门的领导和授权下，南宁市资产经营有限责任公司对全市行政事业性国有资产进行统一管理，并有权在授权范围内对全市的行政事业性国有资产进行整合重组。同时要求市级各行政事业单位将其所占有和使用的行政事业性国有资产均变更到南宁市资产经营有限责任公司，由该公司统一负责监管。由于南宁市资产经营有限责任公司本身由国资委负责监管，因此南宁市国资委实现了对经营性国有资产和行政事业性国有资产的统一全面监管。

2013年南宁市国资委制定了国资国企整合重组方案，按"六大板块、八大集团"的模式，对其监管的28家国有及国有控股企业进行重组，成立八大集团。2015年成立了南宁金融投资集团，市政府授权市国资委履行出资人职责。至此，南宁市国资委直接监管的企业为九大集团。整合重组后的九大集团较好的聚集了国有存量资产，初步明确各集团的主业及发展方向。

南宁市企业国有资产监管的主要问题有，第一，国资委角色定位不清，监管效率低下。它担当出资人角色又充当企业管理者，使企业董事会被架空，难以有效行使其职权。第二，政府部门和"国有资产出资人"的身份不清。在南宁市国资委实际运行中，很多时候扮演着政府部门和"国有资产出资人"的双重角色,这势必会影响正常监管工作的开展,不利于出资人职责的履行和监管效率的提高。第三,行政化监管方式不适应国有企业的市场化改革。在控股、参股企业中,国资委既要履行出资人职责、又要履行监管职能,其作为游戏规则的制定者和游戏的参与者的双重身份,在提高资本运营效率和资产监管效率、监管范围和监管方式等方面将出现新的矛盾。第四,国资委监管权利和义务不对等,影响监管效能。南宁市国资委所监管的大部分企业和领导人员仍然带着行政级别,企业管理过程中的行政色彩较为浓重。市国资委没有企业领导人员的人事任免权容易造成监管漏洞和缺失。考核权与人事权相分离,造成市国有资产监管部门的权力和监管义务的不对等。由于无法实现对人的有效管控,奖惩与责任追究难以落实到位,管事、管资产也就受到束缚,监管质量和效率不高。

南宁市国有资产监管的最大特点是:市国资委对包括经营性国有资产和行政事业性国有资产、资源性国有资产实行统一监管,将更有利于资源的整合与优化配置,特别是有利于提高行政事业性国有资产和资源性国有资产的使用效率,并防止这些非经营性国有资产流失,从而实现国有资产的全面保值增值,最终实现了行政事业性国有资产的效益最大化,形成了双赢局面。

(九)山东省东营市东营区模式

山东省东营市东营区对国有资产管理体制改革的探索和实践概括为三个方面,即"三层组织架构""高效集中管理""市场化手段运营"。所谓"三层组织架构",主要是构建东营区国有资产管理委员会、东营区国有资产管理局以及东营区国有资产运营有限责任公司三级国有资产管理、运营体系。第一层是区国资委作为全区国资管理的最高决策机构,它的主要职责是研究制定国资管理方面的政策措施,决定国有资产管理方面的重大问题。第二层则是相当于"监管层"的区国有资产管理局,它主要担负起国有资产清产核资、产权界定、调查统计、调剂、划转等基础性管理责任,同时拟定国有资产保值增值的考核体系,并对国有资产运营工作实施监督。第三层就是国有资产的经营层,即国有资产运营有限责任公司。其主要职责是对东营区国资委授权经营的国有资产独立地进行资本运营和资产经营，同时行使出资人权利，拥有国有资产（包括股权）的收益权和再投资权，并承担对授权经营的国有资产进行保值增值的责任。在该国资运营公司的具体架构方面，按照现代企业的管理模式，该公司设立了董事会和监事会，由于国资委进行了授权，运营公司拥有相对独立的人权、财权和事权，使其有职有责，能够独立地开展工作。

东营区的监管模式在理念上进行了创新，通过三层架构，将经营性、非经营性及资源性国有资产统管一体，可以说是组建了一个"大国资委"。在这种"大国资委"模式里，东营区在国有资产的监管方面也有较大的创新。更为重要的是，由于创新了营运体制，因而通过公司化运作实现了资源配置的创新。

（十）杭州模式

杭州市的国有企业监管与其他地方的一样，经历了多部门监管向国资委集中监管的发展变化。但是与其他地方不同的是，在其他地区纷纷采取三层次架构，在国资委下设资本运营公司，由资本运营公司管理市场主体几乎成为标准模板时，杭州市针对本地区的特点，将竞争性领域中的优势国企不再纳入资本运营公司之下，而是组建公司集团，进行授权经营。将无国有股权企业的管理关系移交，退出参股比例低的国有股权，压缩企业管理层级，优化组织结构，集中精力管好重点骨干企业。

杭州市国有资产监管模式的特点主要包括，第一，建构综合金融体系。为了杭州市的经济发展，杭州市通过组建杭州投资控股公司、杭州市金融投资集团构建综合金融体系。第二，组建平台建设，分类进行管理。杭州市城投集团推动整合市政设施资产，推进资产管理平台建设。对关系国计民生的企业以及优势企业、能做大做强的潜力企业，要保持国有控股地位，做大做强主业；对一般竞争性领域的参股企业、亏损企业及发展前景不好的企业，逐步实施国有股权退出。第三，重视资本市场，培养产权交易所，并推动国有企业的上市。杭州模式属于典型的三层次架构和授权经营相结合，但是这一模式并未对杭州国有企业的运营带来较大的收益。第四，不重视国有企业的绝对控股，提高整个资源的活用效益。实施开放式改革重组，推动监管企业跨地、跨所有制联合兼并、嫁接改造，开展中央企业、民营企业、外资企业以及区（市）的战略合作，提高混合所有制经济发展水平和国有企业整体实力。第五，完善国资监管的制度建设，建立企业重大决策失误追究制度。构建"大国资"监管模式，探索推进经营性国有资产纳入集中统一监管，拓宽国资监管范围。整合优化国有资本，推动企业合并重组，压缩企业层级，实行扁平化管理。

（十一）长沙模式

长沙市国资委采用一级监管和二级监管两种方式。一级监管主要是国有独资的长沙市企业国有资产经营有限公司和长沙市商业国有资产有限公司，一级监管的企业所有监管事项都必须经过国资委审查批准和备案；二级监管的企业主要采用的是"国资委—行业管理办公室或企业国有资产经营有限公司—企业"三层级的管理模式，也就是说二级监管企业的部分被监管事项委托给行业管理办公室和企业国有资产经营有限公司。

长沙市国有资产监管模式有三个方面的特点，第一，国资监管对象全面覆盖。统一授权市国资委履行出资人职责并实施全面监管，采取直接监管和委托监管的方式，分类分批完成市属企业资产、人事、党务关系等职能划转工作。第二，国资监管框架构建清晰。长沙市国资监管工作整体思路是：以"两法"为根本，以"1+7"制度为框架，以直接监管和委托监管为主要方式，全面覆盖，科学监管，促进国资国企健康发展。以"两法"为根本是指严格执行《公司法》和《企业国有资产法》，实施国资监管工作，确保国资监管不脱离法律规定和市场规律，不能采取行政命令的方式进行管理。以"1+7"制度为框架中的"1"是指即将制定出台的政府规章《长沙市企业国有资产监督管理办法》，通过立法解决国资监管大思路、国资国企在长沙地位、并理顺国资委与其他部门的关系问题；"7"是指市政府已经制定出台的"重大事项管理办法"等7项管理办法，形成国资监管工作基本制度体系，并通过制度的施行指导具体国资监管工作。就以直接监管和委托监管为主要方式来看，直接监管企业是由国资委出资并实施监管的一级企业，委托监管是基于部分企业的特殊情况，比如处于建设期或者涉及特殊行业等，暂时实行有国资委委托相关部门监管，经过一段过渡时期之后再纳入直接监管工作体系。第三，国资监管体系科学有效。按照长沙市委、市政府"全面监管、有效监管、严格监管"的工作要求，着力推动国资监管"四大体系""三个环节"和"两个重点"的建设。"四大体系"是指构筑日常监管的制度体系、运营平台体系、中介体系和多元监督体系。其中，制度体系，即"1+7"制度框架，统一监管制度，实施依法监管；运营平台体系，规范完善产权交易平台、公共资源交易平台和土地交易平台等，使国有、集体资产转让公开、公平、公正，杜绝暗箱操作和腐败行为的发生。

（十二）吉林模式

吉林省采用非政府机关的"决策会议管理模式"，实行"两级出资，三级架构"的国有资产管理模式，即在国有企业集团层面进行改制，进而实现股权多元化。"两级出资"的第一级就是国有资本运营决策会议，第二级则是资本营运机构。决策会议的模式是指旅行国有资本出资人职能的特定组织形式，代表省政府依法行使出资人职能，对省政府负责；不纳入行政机构序列，不承担行政管理职能。其主要负责研究和决定营运机构的投资方向，但不参与营运机构的具体经营活动。国有资本营运机构有控股公司、资产经营公司、投资公司和企业集团等多种形式。"三级架构"是指决策会议、营运机构和营运机构的下属企业，共同构成监管体系中的"三级架构"。国有资本营运机构与下属企业制建，均为出资关系，而不是上下级的隶属关系。

这是最为特殊的监管模式。吉林省国资委设置了国有资本运营决策会议，尤其代表省政府依法行使出资人职能，决策会议与资本运营机构、资本运营机构与被投资企业之间均为出资关系。

（十三）武汉模式

武汉市国有资产管理体制改革在全国有一定的影响，被誉为国有资产管理体制改革的"武汉模式"。武汉市国有资产管理体制改革分为三个层次。第一个层次是建立和充实国有资产管理层，实现政资分开，武汉市国资委，履行国有资产所有者职能，是全市最高的国有资产管理层，但它不直接运营国有资产，国资委通过授权给运营机构以国有资产出资人的身份进行经营。第二个层次是构建国有资产营运层，实现国有资产管理与运营的分离，武汉市国资委一成立，就着手组建了武汉国有资产经营公司，并授权其持有市属股份制企业的国家股，明确了国家股的投资主体。第三个层次是放开企业经营层，实现所有权和企业法人财产权的相对独立，营运机构与其所投资企业的关系，是出资人与被投资企业的关系，是平等的民事主体之间的关系，没有上下级行政关系，只是产权关系。

在建立和完善约束和激励机制方面，武汉市的企业国有资产监管做了有效的尝试和探索，为其他各省市提供了宝贵的经验。

武汉市较早地建立了经营业绩考核制度。武汉市采用授权经营的方式对国有企业进行管理，市国资委设立了数家行业性国有资产公司，通过和被授权的行业国资经营公司签订的资产经营责任书，明确双方的职权和责任，责任书每三年签订一次，每年考核一次。在考核中，国资委委托中介机构对其考核资料进行专业的审计与评价，并把考核结果作为核定国有资产经营公司的高层管理人员薪酬以及公司相关人员奖惩的依据。

武汉市在规范公司法人治理结构上做出了新的尝试。武汉市国资委通过行业国资公司对下属国有企业进行直接管理，国资委对行业国资公司进行管理，例如建立了行业国资公司重大事项报备制度、产权交易的审核制度，对重大事项和产权交易必须经国资委审批以后才能实施，规定经营者的一般决策行为必须备案，同时市国资委有权提出不同的意见，行业国资公司必须重视国资委的指导意见，以促使经营者规范地运作，使出资人权利得到具体化，做到不过多干预，监管即到位又不越位。在规范公司治理结构方面，武汉市最早采用的是财务总监委派制，面向社会公开选聘财务总监，设立了财务总监办公室，该办公室成立后直接向多家行业性国资公司和企业集团委派财务总监，行业性国有资产经营公司也向监管企业派出了多位财务总监。

总体来看，我国目前大多数地区采用的都是"国有资产监管机构—中间层公司—国有企业"这样的"三层次"监管层级架构。在我国统一国有资产监管体制要求下，各地区因经济发展情况、国有资本布局、国有企业类型以及地区文化特征的不同，根据自身监管实践的具体情况进行改革，形成了各具特点的经营性国有资产监管模式，各地监管机构的职能设置、监管内容等方面也存在一定差异。

三、国外国有资产监管模式经验与借鉴

分析各国国有资产监管体制，我们不难发现，各国虽然依据国有企业的特点及基本国情的不同制定适合本国的差异化的国有资产监管体制，但仍有一些规律性经验值得借鉴与思考。

（一）由财政部门实行"出资人"职能

"出资人"职能的实现是确保"政企分离"的前提和基础保障，从西方国家国有资产监管体制来看，多以财政部门作为出资人代表，并对国有企业进行监管。

通过分析发国外国有资产监管模式，我们不难发现，监管主管部门有以下主要监管事项。

一是实现对企业管理者的选择权。在西方国家的国有企业中，政府均以不同形式委派国家代表进入国有企业管理层，其目的是通过对国有企业管理者的选择权的行使实现对企业经营管理者行为的有效监管。

二是控制国有企业经营收益的分配权。国有企业的经营收益作为国有资产的重要组成部分，必须通过严格的监管规则来实现其分配权的有效掌控。

三是拥有国有企业重大生产经营事项的决策权。各国对于重大决策权的定义标准虽不统一。但一般而言，重大决策权主要包括财务预算审批权、重大投资决策权、资本处置权、企业组织形式变更权等。

这几项核心监管内容与财政部门的职能相当吻合。因此，财政部门作为我国经营性国有资产的出资人代表并对其进行监管，是最为直接、高效且合理的选择。

(二) 国有资产分类监管的原则

虽然各国国有资产的存在性质、国有企业组织形式不尽相同，但对国有资产实行分类监管却是一致的。最具代表的是日本政府的分类监管模式，把国有企业分为直营企业、特殊法人事业、第三部门和国有民营企业四类，对这四类国有企业进行分类监管。法国、美国等西方国家也都根据国有企业组织形式、所属行业等标准进行分类监管。

目前我国存在各式各样的国有企业组织形式。但与西方国家相比，我国各种组织形式的企业均在我国政府相关部门的严格监管之下，相对缺乏企业经营自主权。因此，针对目前我国国有企业经营环境的改善问题，可以借鉴国外先进的监管经验，确定一个合适我国国情的分类准则，在后续国有企业经营和监管中，按照不同类别企业的特征实行有针对性的政策。

(三) 健全的国有资产监管法律制度

从国外国有资产监管经验来看，依法监管是实现有效监管的必要保证。典型代表国家是美国，从国有资产的配置方式、存在形式、运行、管理到处置的整个过程都有专门的法律保障，国有资产监管法律制度多以国会通过的较高层次立法实现。这不仅有利于确保国有资产监管职能的权威性和监管工作的连续性，同时对监管主体之间、监管主体与监管客体之间的权利和义务划分、职责边界确定提供了法律保障，而且可以促进国有资产改革在透明度高、可预测性强的大环境下顺利进行。

我国国有资产改革中存在立法滞后、法律层次低、缺乏系统性、连续性、协调性与权威性等问题。目前，有关国有资产监管的最高层次立法是 2008 年 10 月 28 日通过的《中华人民共和国企业国有资产法》，但目前配套相关法规及政策性文件滞后，国有资产监管过程中的"政企不分""政监不分"法律政策之间相互矛盾与冲突、部门之间或监管主体与监管客体之间的利益冲突等问题仍没有得到实质性的解决。因此，进一步建立和健全国有资产监管法律制度仍是下一步改革的重点。

（四）中央与地方适度分权

在西方国家，中央与地方政府职能分工明确。作为国家宏观调控经济重要手段的企业国有资产主要集中于中央政府；地方政府所拥有的企业国有资产相对较少，一般只负责城市基础设施和社会福利项目等。同时，许多国家的企业国有资产实行中央和地方各级政府"分级所有、分级监管"的原则。比如，美国联邦政府和州政府各有分工，对各自所属国有企业进行监管，互相协作，共同监管，确保国有资产的保值增值。

相比日本高度集权的监管模式，考虑到我国经营性国有资产的体量和分布范围，这样集权和分权结合的监管模式是更加符合我国国有经济社会现实的。

（五）国有企业市场化和民营化

对于市场经济社会保留下来的国有企业以及企业国有资产，西方国家最基本的共同原则就是采取市场化方式或民营化方式运作企业国有资产，具体做法各有不同。

比如美国，国有企业经营权通过租赁经营或系统工程承包等法律契约的形式在一定期限内交给私人经营，私人自主经营国有企业，并按照一定比例的收益上缴给国家。新加坡则是通过设立中介性的国有控股公司来经营国有企业以及企业国有资产，通过这种方式尽可能分离国家所有权与经营权。即便是集权监管国有资产的日本，从20世纪80年代开始，也在不断推进国有资产的市场化、民营化改革。实行民营化的国有企业仍由日本政府掌握绝大多数的股票即表决权，企业的业务经营范围、产品和服务定价机制、财务管理及人事任免等仍执行政府审批制。同时，对于不宜实行民营化的行业（如银行券印刷业），日本政府通过业务承包的方式交由私营企业加入，引入市场竞争机制，提高企业生产经营水平。总之，国家通过市场机制可以加强对企业国有资产的监管，起到国家监管所无法替代的作用。

第五章
江苏省经营性国有资产现状及监管难点

一、基本情况

通过组织对省级事业单位所办企业进行全面核查,掌握了企业规模、户数、所属行业以及财务状况等基本数据,据初步统计,截至 2018 年 6 月,省级主管部门所属事业单位办企业共 1514 户,2017 年底资产总额为 353.51 亿元,净资产为 161.02 亿元,归属于省级事业单位国有份额的净资产为 98.92 亿元。

2018 年下半年,5 家会计师事务所对省级党政机关和事业单位经营性国有资产(不包括部分特殊企业、高等学校所属企业、事业单位转制企业以及省外、境外企业等)核查,截至 2017 年底,江苏省省级主管部门共 50 个,195 个事业单位;出资企业共计 971 户,其中:一级企业 351 户,二级企业 281 户,三级企业 339 户。

(一) 企业级次和性质情况介绍

从级次看,一级企业 351 户,占总户数的 36.15%;二级企业 281 户,占总户数的 28.94%;三级企业 339 户,占总户数的 34.91%。一级和三级企业户数相当,二级略少。

从企业性质看,全资企业 410 户,占总户数的 42.22%;控股企业 76 户,占总户数的 7.83%;参股企业 485 户,占总户数的 49.95%。全资及控股与参股企业户数相当。出资企业级次及性质分布见图 5-1。

(二) 企业行业分布情况

根据国家质量监督检验检疫总局、国家标准化管理委员会 2017 年发布的《国民经济行业分类》(GB/T 4754—2017),我国国民经济行业分类分为 20 个门类,出资企业涉及前 18 个门类,不涉及 S 公共管理、社会保障和社会组织和 T 国际组织 2 类。

出资企业分布较多的行业有:L 租赁和商务服务业(225 户,23.17%)、M 科学研究和技术服务业(193 户,19.88%)、F 批发和零

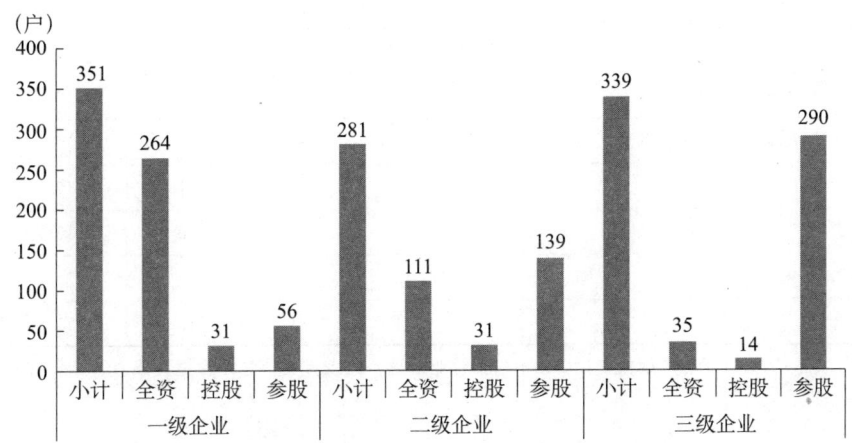

图 5-1　出资企业级次及性质分布图

售业（120 户，12.36%）、C 制造业（89 户，9.17%）、A 农、林、牧、渔业（54 户，5.56%）、E 建筑业（53 户，5.46%）。出资企业主要分布在 L 租赁和商务服务业、M 科学研究和技术服务业、F 批发和零售业（合计 538 户，55%）。出资企业行业分布见表 5-1。

表 5-1　　　　　　出资企业行业分布表　　　　　　单位：户

行业	一级企业	二级企业	三级企业	合计
A. 农、林、牧、渔业	26	20	8	54
B. 采矿业	1	2	14	17
C. 制造业	16	38	35	89
D. 电力、热力、燃气及水生产和供应业	1	5	3	9
E. 建筑业	26	21	6	53
F. 批发和零售业	63	21	36	120
G. 交通运输、仓储和邮政业	6	6	2	14
H. 住宿和餐饮业	16	8	1	25
I. 信息传输、软件和信息技术服务业	6	11	24	41
J. 金融业	2	6	28	36
K. 房地产业	10	9	11	30
L. 租赁和商务服务业	83	55	87	225
M. 科学研究和技术服务业	55	61	77	193

续表

行业	一级企业	二级企业	三级企业	合计
N. 水利、环境和公共设施管理业	12	5	2	19
O. 居民服务、修理和其他服务业	6	0	0	6
P. 教育	4	7	1	12
Q. 卫生和社会工作	3	0	0	3
R. 文化、体育和娱乐业	15	6	4	25
合计	351	281	339	971

注：因财政厅资产处核查数据中不包括行业信息，此表行业信息是根据天眼查显示行业信息整理。

（三）企业注册资本（或出资额）规模分布情况

从企业注册资本（出资额）规模看，2017年5000万元以上有87户，其中，全资及控股企业有23户，且大多为参股企业；1000万至5000万元的175户，其中，全资及控股企业98户，参股企业近半数；1000万元以下的小型企业709户，其中，全资及控股企业365户。出资企业整体出资额较小，全资及控股企业较少，整体分布小而散。企业注册资本（或出资额）规模分布见表5-2。

表5-2　　　企业注册资本（或出资额）规模分布表　　　单位：户

企业规模	全资企业	控股企业	参股企业	合计	占比
5000万元以上	17	6	64	87	8.96%
1000万~5000万元	75	23	77	175	18.02%
500万~1000万元	55	14	64	133	13.70%
100万~500万元	98	23	97	218	22.45%
100万元以下	165	10	183	358	36.87%
合计	410	76	485	971	100.00%

（四）企业财务经营状况

事业单位出资企业整体发展稳定，资产、负债、净资产及归属于国有的净资产均逐年略有增长，资产负债率不高，2017年总资产为213.17

亿元（参股企业没要求填，金额偏小），归属于国有的净资产为 76.55 亿元。

事业单位出资企业整体收入和盈利能力逐年上升。2017 年主营业务收入为 107.60 亿元，净利润为 4.87 亿元，归属于国有的净利润为 4.71 亿元；从整体看，全资及控股企业经营效益较好，参股企业盈利水平偏低，且一级企业经营效益好于二三级企业，盈利企业占比逐年略有增长。2017 年盈利企业 335 户，占总户数的 34.32%，其中，一级全资企业盈利户数 177 户。2017 年 12 月 31 日财务状况见表 5-3，2017 年度经营状况见表 5-4。

表 5-3　　　　　　2017 年 12 月 31 日财务状况　　　　　　单位：万元

企业性质	资产总额	负债总额	所有者权益总额	资产负债率	归属于国有的净资产
全资及控股	1806433.64	1109848.20	696585.44	61.44%	732307.60
参股	325287.40	146305.30	294851.25	44.98%	33208.87
合计	2131721.04	1256153.50	991436.69	58.93%	765516.47

表 5-4　　　　　　　2017 年度经营状况　　　　　　　单位：万元

企业性质	主营业务收入	净利润	归属于国有的净利润	营业净利润率	净资产收益率	国有净资产净利润率
全资及控股	936172.68	52677.18	50452.17	5.63%	7.56%	6.89%
参股	139781.35	-4011.89	-3383.17	-2.87%	-1.36%	-10.19%
合计	1075954.03	48665.29	47069.00	4.52%	4.91%	6.15%

注意：表 5-3 和表 5-4 的数据包括 2018 年已注销和转让的 5 户企业，是按照 976 户企业统计，本章节其余表格数据均为按照 971 户企业统计。

（五）各主管部门综合情况

1. 事业单位及出资企业分布情况

出资企业涉及 50 个主管部门的 195 家事业单位，其中出资事业单位较多的主管部门有江苏省水利厅（28 家，14.36%）、江苏省农业委员会（19 家，9.74%）、江苏省科学技术厅（16 家，8.21%）、江苏省地质矿产勘查局(14家,7.18%)、江苏省体育局(10家,5.13%)。

所属事业单位出资企业数量较多的主管部门有:江苏省发展和改革委员会(江苏省经济协作办公室、南京江北新区管理委员会办公室)(238户,24.51%)、江苏省水利厅(77户,7.93%)、江苏省农业科学院(72户,7.42%)、江苏省经济和信息化委员会(72户,7.42%)、江苏省农业委员会(70户,7.21%)、江苏省地质矿产勘查局(66户,6.80%)、有色金属华东地质勘查局(59户,6.08%)。事业单位及出资企业主管部门分布见表5-5。

表5-5 事业单位及出资企业主管部门分布表　　　　　　单位:户

序号	部门	事业单位	一级企业	二级企业	三级企业	一二三级企业合计
1	江苏省体育局	10	24	15	4	43
2	江苏省交通控股有限公司	3	10	8	3	21
3	江苏省工商行政管理局	3	4	1	0	5
4	江苏省卫生和计划生育委员会	8	9	3	0	12
5	江苏省政协机关	1	1	0	0	1
6	江苏省监狱管理局	1	1	0	0	1
7	共青团江苏省委	2	2	5	0	7
8	江苏省海洋与渔业局	2	3	3	1	7
9	江苏省人民政府侨办办公室	1	1	0	0	1
10	江苏省测绘地理信息局	5	5	5	3	13
11	江苏省机关事务管理局	1	3	0	0	3
12	江苏省人民检察院	2	1	0	0	1
13	江苏省卫生和计划生育委员会(江苏省中医药局)	5	11	1	0	12
14	有色金属华东地质勘查局	3	3	19	37	59
15	江苏省档案局	2	2	0	0	2
16	江苏省国土资源厅	3	3	2	0	5
17	江苏省民政厅	3	4	1	0	5
18	江苏省人大常委会办公厅	1	3	0	0	3
19	中共江苏省委办公厅	1	1	0	0	1

续表

序号	部门	事业单位	一级企业	二级企业	三级企业	一二三级企业合计
20	江苏省委党校	2	5	0	0	5
21	江苏省委宣传部	1	1	0	0	1
22	江苏省信息中心	2	4	1	0	5
23	江苏省人力资源和社会保障厅	3	3	0	0	3
24	江苏省人民政府研究室	1	1	0	0	1
25	江苏省公安厅	1	1	0	0	1
26	江苏省委老干部局	2	3	0	0	3
27	江苏省农业科学院	9	36	26	10	72
28	江苏省地质矿产勘查局	14	29	30	7	66
29	江苏省妇女联合会	1	1	0	0	1
30	江苏省发展和改革委员会（江苏省经济协作办公室、南京江北新区管理委员会办公室）	2	6	38	194	238
31	中国国际贸易促进委员会江苏省分会	2	3	1	0	4
32	江苏省人民政府外事办公室	2	4	6	0	10
33	江苏省安全生产监督管理局	1	2	2	0	4
34	江苏省旅游局	1	4	0	0	4
35	江苏省新闻出版广电局	2	2	1	0	3
36	江苏省食品药品监督管理局	2	2	0	0	2
37	江苏省质量技术监督局	3	5	2	0	7
38	江苏省林业局	4	5	1	3	9
39	江苏省农业资源开发局	1	1	0	0	1
40	江苏省农业委员会	19	31	28	11	70
41	江苏省科学技术厅	16	20	17	1	38
42	江苏省经济和信息化委员会	2	14	11	47	72
43	江苏省水利厅	28	43	24	10	77
44	江苏省粮食局	1	4	4	0	8
45	江苏省交通厅	4	11	6	0	17
46	江苏省环境保护厅	3	4	1	0	5

续表

序号	部门	事业单位	一级企业	二级企业	三级企业	一二三级企业合计
47	江苏省住房和城乡建设厅	2	5	11	0	16
48	农业委员会（农机局）	4	4	1	0	5
49	江苏省文化厅（江苏省文物局）	1	1	0	0	1
50	江苏省财政厅	2	5	7	8	20
	合计	195	351	281	339	971

2. 出资金额情况

各主管部门所属事业单位汇总出资较多的部门有：江苏省发展和改革委员会（江苏省经济协作办公室、南京江北新区管理委员会办公室；2249640.92万元，75.65%）、有色金属华东地质勘查局（301661.21万元，10.14%）、江苏省地质矿产勘查局（90026.71万元，3.03%）、江苏省农业科学院（54391.24万元，1.83%）、江苏省交通控股有限公司（41276.58万元，1.39%）、江苏省水利厅（39648.63万元，1.33%）、江苏省农业委员会（37905.80万元，1.27%）、江苏省财政厅（29609.70万元，1.00%）。出资金额及注册资本汇总情况见表5-6。

根据表5-5，江苏省发展和改革委员会（江苏省经济协作办公室、南京江北新区管理委员会办公室）所属事业单位出资企业数量最多：一级企业6户（全资和控股4户，参股2户）、二级企业38户（全资和控股4户，参股34户）、三级企业194户（全资和控股108户，参股86户）。根据表5-6，江苏省发展和改革委员会（江苏省经济协作办公室、南京江北新区管理委员会办公室）所属事业单位出资金额最多。可见，江苏省发展和改革委员会（江苏省经济协作办公室、南京江北新区管理委员会办公室）出资特点表现为：出资企业数量较多，大多为三级企业和参股企业，一二级企业较少，全资和控股企业较少，但是出资金额最多。

表 5-6　　出资金额及注册资本汇总情况表　　单位：万元

主管部门	出资金额	注册资本	实收资本
江苏省体育局	19577.10	80122.00	74705.09
江苏省交通控股有限公司	41276.58	319075.00	274978.14
江苏省工商行政管理局	950.00	1300.00	1300.00
江苏省卫生和计划生育委员会	998.83	1001.83	901.83
江苏省政协机关	30.00	30.00	30.00
江苏省监狱管理局	20.00	20.00	20.00
共青团江苏省委	556.00	2200.00	1800.00
江苏省海洋与渔业局	611.00	2900.00	1100.00
江苏省人民政府侨办公室	0.00	1000.00	0.00
江苏省测绘地理信息局	2560.45	16802.40	16802.45
江苏省机关事务管理局	2910.00	3110.00	3110.00
江苏省人民检察院	200.00	200.00	200.00
江苏省卫生和计划生育委员会（江苏省中医药局）	2852.00	33352.00	140.27
有色金属华东地质勘查局	301661.21	238729.60	169206.72
江苏省档案局	1200.00	1200.00	1.00
江苏省国土资源厅	1164.00	1494.00	1494.00
江苏省民政厅	278.10	272.10	272.10
江苏省人大常委会办公厅	154.00	208.00	208.00
中共江苏省委办公厅	300.00	300.00	0.00
江苏省委党校	340.00	340.00	340.00
江苏省委宣传部	301.00	301.00	0.00
江苏省信息中心	2043.00	1803.00	1803.00
江苏省人力资源和社会保障厅	280.00	300.00	300.00
江苏省人民政府研究室	200.00	200.00	200.00
江苏省公安厅	35.00	50.00	50.00
江苏省委老干部局	95.00	95.00	95.00
江苏省农业科学院	54391.24	33522.83	31752.83
江苏省地质矿产勘查局	90026.71	90397.98	86361.71
江苏省妇女联合会	10.00	110.00	10.00

续表

主管部门	出资金额	注册资本	实收资本
江苏省发展和改革委员会（江苏省经济协作办公室、南京江北新区管理委员会办公室）	2249640.92	1072.00	622.00
中国国际贸易促进委员会江苏省分会	813.38	1050.00	1050.00
江苏省人民政府外事办公室	5018.51	1920.00	1920.00
江苏省安全生产监督管理局	1315.68	2415.68	2415.68
江苏省旅游局	1060.00	1060.00	1060.00
江苏省新闻出版广电局	152.30	302.30	302.30
江苏省食品药品监督管理局	97.47	566.00	566.00
江苏省质量技术监督局	2357.00	2357.00	2350.28
江苏省林业局	23650.70	31050.70	3550.70
江苏省农业资源开发局	600.00	3000.00	0.00
江苏省农业委员会	37905.80	47856.07	42804.02
江苏省科学技术厅	20175.80	57606.00	35812.02
江苏省经济和信息化委员会	16422.85	47323.00	12396.00
江苏省水利厅	39648.63	64607.52	59704.57
江苏省粮食局	8266.83	14503.00	14003.00
江苏省交通厅	3607.57	4698.60	4023.60
江苏省环境保护厅	286.27	286.27	286.27
江苏省住房和城乡建设厅	6909.00	13608.00	3328.00
农业委员会（农机局）	1022.10	1022.10	1022.10
江苏省文化厅（江苏省文物局）	200.00	0.00	0.00
江苏省财政厅	29609.70	68000.00	40000.00
合计	2973781.73	1194740.98	894398.68

3. 财务状况

截至 2017 年 12 月 31 日，归属于国有的汇总净资产较多的主管部门有：江苏省地质矿产勘查局（151090.61 万元，19.74%）、有色金属华东地质勘查局（110135.10 万元，14.39%）、江苏省交通控股有限公司（103149.63 万元，13.48%）、江苏省水利厅（72461.46 万元，9.47%）、江苏省经济和信息化委员会（67270.80万元，8.79%）、江苏省农业委员会（56223.29万元，7.35%）。2017年12月31日财务状况汇总情况见表5-7。

表5-7　　2017年12月31日财务状况汇总表　　单位：万元

序号	主管部门	资产总额	负债总额	所有者权益总额	资产负债率	归属于国有的净资产
1	江苏省体育局	95433.54	29269.94	66163.60	30.67%	5375.81
2	江苏省交通控股有限公司	313892.62	208674.31	105218.32	66.48%	103149.63
3	江苏省工商行政管理局	40929.84	19256.31	21673.53	47.05%	20389.72
4	江苏省卫生和计划生育委员会	8718.65	4387.57	4331.08	50.32%	4328.08
5	江苏省政协机关	999.14	33.26	965.88	3.33%	965.88
6	江苏省监狱管理局	223.23	39.91	183.32	17.88%	183.32
7	共青团江苏省委	6563.00	5538.00	1025.00	84.38%	125.55
8	江苏省海洋与渔业局	1413.80	66.49	1347.31	4.70%	1081.12
9	江苏省人民政府侨办公室	32.07	31.79	0.28	99.13%	0.28
10	江苏省测绘地理信息局	9782.27	4798.92	4983.35	49.06%	4618.88
11	江苏省机关事务管理局	3353.54	329.06	3024.48	9.81%	2811.08
12	江苏省人民检察院	2483.64	2033.32	450.32	81.87%	450.32
13	江苏省卫生和计划生育委员会（江苏省中医药局）	18123.34	13213.96	2552.17	72.91%	1329.93
14	有色金属华东地质勘查局	215448.23	192258.66	23189.57	89.24%	110135.10
15	江苏省档案局	487.07	337.81	149.26	69.36%	149.26
16	江苏省国土资源厅	9094.45	2080.29	7014.16	22.87%	6644.44
17	江苏省民政厅	2337.49	573.70	1810.48	24.54%	1764.50
18	江苏省人大常委会办公厅	170.74	91.74	79.00	53.73%	79.00
19	中共江苏省委办公厅	0.00	0.00	0.00	0.00%	0.00
20	江苏省委党校	3626.82	3124.63	502.19	86.15%	502.19
21	江苏省委宣传部	30.26	22.72	7.54	75.08%	7.54
22	江苏省信息中心	6689.13	3568.23	4716.17	53.34%	3439.95
23	江苏省人力资源和社会保障厅	1427.42	800.45	626.97	56.08%	626.97
24	江苏省人民政府研究室	421.21	160.40	260.81	38.08%	260.81

续表

序号	主管部门	资产总额	负债总额	所有者权益总额	资产负债率	归属于国有的净资产
25	江苏省公安厅	1064.94	653.95	410.99	61.41%	287.69
26	江苏省委老干部局	590.33	659.55	-69.22	111.73%	-69.22
27	江苏省农业科学院	111415.01	48628.54	62786.48	43.65%	30333.50
28	江苏省地质矿产勘查局	542777.84	391687.24	151090.61	72.16%	151090.61
29	江苏省妇女联合会	138.06	31.92	106.14	23.12%	106.14
30	江苏省发展和改革委员会（江苏省经济协作办公室、南京江北新区管理委员会办公室）	7030.87	3853.08	3177.79	54.80%	3413.88
31	中国国际贸易促进委员会江苏省分会	8092.71	4006.90	4085.81	49.51%	2048.89
32	江苏省人民政府外事办公室	37823.12	12900.96	24922.16	34.11%	18193.49
33	江苏省安全生产监督管理局	2870.25	1633.14	1237.11	56.90%	730.73
34	江苏省旅游局	2607.60	1707.69	899.91	65.49%	899.91
35	江苏省新闻出版广电局	255.75	245.91	9.84	96.15%	9.84
36	江苏省食品药品监督管理局	1019.90	215.59	804.31	21.14%	576.03
37	江苏省质量技术监督局	3223.84	235.94	2987.90	7.32%	2987.90
38	江苏省林业局	10052.61	3447.32	6605.29	34.29%	5745.46
39	江苏省农业资源开发局	0.00	0.00	0.00	#DIV/0!	0.00
40	江苏省农业委员会	80986.05	30168.54	77852.93	37.25%	56223.29
41	江苏省科学技术厅	132369.23	45921.54	87859.17	34.69%	21924.50
42	江苏省经济和信息化委员会	92037.49	26209.05	73103.27	28.48%	67270.80
43	江苏省水利厅	107536.33	33989.21	83627.48	31.61%	72461.46
44	江苏省粮食局	89078.30	68142.55	20935.75	76.50%	12692.21
45	江苏省交通厅	11189.53	5258.32	6691.79	46.99%	5913.87
46	江苏省环境保护厅	3743.08	1550.25	2192.83	41.42%	2192.83
47	江苏省住房和城乡建设厅	19018.50	1744.27	23542.61	9.17%	18232.80
48	农业委员会（农机局）	2483.75	421.39	2062.36	16.97%	2062.36
49	江苏省文化厅（江苏省文物局）	846.00	561.00	285.00	66.31%	285.00
50	江苏省财政厅	121513.64	81588.18	103678.30	67.14%	21208.35
	合计	2131446.23	1256153.50	991161.38	58.93%	765241.66

4. 企业经营状况

2017年度归属于国有的汇总净利润较多的主管部门有：江苏省地质矿产勘查局（10936.02万元，23.23%）、江苏省工商行政管理局（8071.43万元，17.14%）、江苏省交通控股有限公司（6908.55万元，14.67%）、江苏省经济和信息化委员会（5796.51万元，12.31%）、江苏省农业科学院（3158.37万元，6.71%）、江苏省科学技术厅（2869.80万元，6.10%）。2017年度企业经营状况汇总情况见表5-8。

表5-8　　　　2017年度企业经营状况汇总表　　　　单位：万元

序号	主管部门	主营业务收入	净利润	归属于国有的净利润
1	江苏省体育局	46136.16	4581.20	507.67
2	江苏省交通控股有限公司	78078.43	7057.29	6908.55
3	江苏省工商行政管理局	1920.97	7989.35	8071.43
4	江苏省卫生和计划生育委员会	22580.44	1945.60	1945.60
5	江苏省政协机关	318.46	69.33	69.33
6	江苏省监狱管理局	478.24	83.57	83.57
7	共青团江苏省委	40328.00	159.00	20.85
8	江苏省海洋与渔业局	189.26	-90.87	-34.17
9	江苏省人民政府侨办办公室	54.01	0.28	0.28
10	江苏省测绘地理信息局	10002.59	186.91	321.05
11	江苏省机关事务管理局	777.72	25.80	24.47
12	江苏省人民检察院	363.46	75.64	75.64
13	江苏省卫生和计划生育委员会（江苏省中医药局）	16046.18	-471.07	-202.16
14	有色金属华东地质勘查局	9424.13	-23002.89	-4382.56
15	江苏省档案局	983.01	61.35	61.35
16	江苏省国土资源厅	4539.78	984.17	964.70
17	江苏省民政厅	1534.05	259.86	287.93
18	江苏省人大常委会办公厅	322.56	1.09	1.09
19	中共江苏省委办公厅	0.00	0.00	0.00
20	江苏省委党校	2866.93	337.54	337.54

续表

序号	主管部门	主营业务收入	净利润	归属于国有的净利润
21	江苏省委宣传部	74.94	7.26	7.26
22	江苏省信息中心	3272.51	478.27	365.97
23	江苏省人力资源和社会保障厅	226.12	7.38	7.38
24	江苏省人民政府研究室	0.00	-1.60	-1.60
25	江苏省公安厅	789.13	59.64	41.75
26	江苏省委老干部局	1930.47	149.28	149.28
27	江苏省农业科学院	40416.73	4927.00	3158.37
28	江苏省地质矿产勘查局	558036.55	10936.02	10936.02
29	江苏省妇女联合会	3.26	0.05	0.05
30	江苏省发展和改革委员会（江苏省经济协作办公室、南京江北新区管理委员会办公室）	2913.33	246.20	224.30
31	中国国际贸易促进委员会江苏省分会	35.66	1051.97	133.63
32	江苏省人民政府外事办公室	8769.82	764.44	993.18
33	江苏省安全生产监督管理局	1305.74	-120.93	-131.28
34	江苏省旅游局	2364.75	244.59	244.59
35	江苏省新闻出版广电局	251.83	-74.38	-48.38
36	江苏省食品药品监督管理局	1308.62	-147.04	37.94
37	江苏省质量技术监督局	1433.00	158.79	158.79
38	江苏省林业局	1457.01	-353.93	-312.38
39	江苏省农业资源开发局	0.00	0.00	0.00
40	江苏省农业委员会	28696.89	563.74	293.38
41	江苏省科学技术厅	29006.61	3126.19	2869.80
42	江苏省经济和信息化委员会	20298.55	6337.30	5796.51
43	江苏省水利厅	48306.90	1225.49	1854.45
44	江苏省粮食局	61491.73	1956.06	1206.97
45	江苏省交通厅	9630.58	569.43	496.46
46	江苏省环境保护厅	5187.70	735.21	735.21
47	江苏省住房和城乡建设厅	4479.38	598.21	307.27
48	农业委员会（农机局）	146.16	9648.47	750.68

续表

序号	主管部门	主营业务收入	净利润	归属于国有的净利润
49	江苏省文化厅（江苏省文物局）	2187.00	123.00	123.00
50	江苏省财政厅	4988.68	3528.72	1617.64
	合计	1075954.03	46997.99	47078.41

5. 综合分析

根据以上数据，如果按照"出资企业户数""出资金额""归属于国有的净资产""归属于国有的净利润"四个指标进行排序，四个指标均处于前十位的主管部门有：江苏省水利厅、江苏省农业科学院、江苏省地质矿产勘查局、江苏省科学技术厅、江苏省交通控股有限公司。三个指标处于前十位的主管部门有：江苏省经济和信息化委员会、江苏省农业委员会、有色金属华东地质勘查局、江苏省财政厅。主管部门依据四个指标前十位排序情况见表5-9。

表5-9　　　主管部门依据四指标前十位排序情况表

序号	按出资企业户数	按出资金额	按归属于国有的净资产	按归属于国有的净利润
1	江苏省发展和改革委员会（江苏省经济协作办公室、南京江北新区管理委员会办公室）	江苏省发展和改革委员会（江苏省经济协作办公室、南京江北新区管理委员会办公室）	江苏省地质矿产勘查局	江苏省地质矿产勘查局
2	江苏省水利厅	有色金属华东地质勘查局	有色金属华东地质勘查局	江苏省工商行政管理局
3	江苏省农业科学院	江苏省地质矿产勘查局	江苏省交通控股有限公司	江苏省交通控股有限公司
4	江苏省经济和信息化委员会	江苏省农业科学院	江苏省水利厅	江苏省经济和信息化委员会
5	江苏省农业委员会	江苏省交通控股有限公司	江苏省经济和信息化委员会	江苏省农业科学院
6	江苏省地质矿产勘查局	江苏省水利厅	江苏省农业委员会	江苏省科学技术厅
7	有色金属华东地质勘查局	江苏省农业委员会	江苏省农业科学院	江苏省卫生和计划生育委员会

续表

序号	按出资企业户数	按出资金额	按归属于国有的净资产	按归属于国有的净利润
8	江苏省体育局	江苏省财政厅	江苏省科学技术厅	江苏省水利厅
9	江苏省科学技术厅	江苏省林业局	江苏省财政厅	江苏省财政厅
10	江苏省交通控股有限公司	江苏省科学技术厅	江苏省工商行政管理局	江苏省粮食局

二、存在问题

根据事务所的核查资料显示，部分企业存在以下问题。

（一）企业经营不善

经营不善的企业涉及25个部门131户企业，其中：一级全资及控股企业61户，一级参股企业8户；二级全资及控股企业30户，二级参股企业6户；三级全资及控股企业23户，三级参股企业3户。其中：非正常经营企业（长期停业、无法继续经营或暂停经营）59户，占总户数的6.08%，其中包含近三年连续亏损企业27户，资不抵债企业9户。近三年连续亏损企业71户，占总户数的7.31%，包含长期停业、无法继续经营或暂停经营27户，资不抵债企业15户。资不抵债企业46户，占总户数的4.74%，包含长期停业、无法继续经营或暂停经营9户，近三年连续亏损企业15户。

（二）企业缺乏独立经营能力

部分企业不能独立经营，在经营业务、资产及人员方面与事业单位相互依赖，涉及5个主管部门60户企业。其中：一级企业20户，二级企业16户，三级企业24户；全资企业42户，控股企业15户，参股企业3户。

(三) 主管部门管理不规范

部分主管部门及其事业单位对出资企业监管的主体责任不明确，对出资企业不够了解和重视，长期疏于管理，重大事项游离于监管之外；部分企业投资关系错综复杂，事业单位及企业交叉投资，难以厘清关系；部分企业为名义持股，未实际出资；部分企业股东、出资额和注册资本实质已变，但未及时进行工商变更登记，产权不清晰，甚至长年未审计。

三、监管难点

党政机关行政事业单位经营性国有资产统一监管需要实现资产的分割、人员的分割、业务的分割、资质的分割。然而，在实际运行过程中，不同利益群体的诉求又有所不同，容易引起相互攀比。如果处理不好，就会"摁下葫芦起了瓢"。监管的难点主要表现在人、财、物方面。广泛开展调研，到20余家省级主管部门、事业单位和企业走访座谈，征求意见建议，存在如下监管难点。

(一) 监管主体不够明确，监管效率受到影响

根据《财政部关于修改〈事业单位国有资产管理暂行办法〉的决定》(财政部令第100号)，财政部门对事业单位国有资产实施综合管理，各主管部门对事业单位国有资产实施监督管理，事业单位对本单位占有、使用的国有资产实施具体管理。江苏省党政机关和事业单位经营性国有资产的监管主体涉及财政部门、国资部门等多个监管主体。大多数国有企业现有的监督体系存在各自为战、监控缺位或停留在发现一个再处理一个阶段，难以满足国家的全面合规管控的监督需求。各级财政部门虽然是政府负责行政单位和事业单位国有资产管理的职能部门，对行政单位的国有资产实施综合管理，但不是出资人，因而监管起来难度大、缺乏有力抓手、监管效率大打折扣。

(二)"政企不分,政资不分",权责边界不够清晰

在江苏省党政机关和事业单位经营性国有资产监管过程中,政企不分,政资不分,国有资产监管越位、缺位、错位的现象仍有发生,国有资本运行效率有待进一步提高。在"管资产"到"管资本"转变的新环境下,管理关系有待重塑、管理界面有待厘清。国有资本投资运营公司的管控将面临重新定义,如何有效重塑国有资本出资人代表机构与国有企业之间的管理关系、厘清权重边界、定位各层级职能、处理各业务分工、整合各分散职能是我们目前的首要任务。

(三)资产监管手段缺乏、资产监管效果受限

虽然在各监管机构已经搭建了一些信息平台,但是因为缺乏有效的配套机制,获得的产权信息等有关监管信息不全面,也无法作为监管依据。加之监管部门人手不足,比如省级财政部门负责机关单位出资企业监管人员只有1到2人,对省级1500多家企业,监管技术手段不足,存在较大压力。同时,国有资产监管机构和被监管企业的信息公开有限,国有资产监管机构向人大常委会报告制度也还在探索阶段。除了国资委定期公布所属企业的监管方式和监管成效,上市公司会定期公布年报等信息外,其余出资人代表机构如何监管以及所监管的国有企业经营信息如何、盈利还是亏损、是否实现了保值增值目标难以考证、主管部门对所属国有企业履行了哪些社会责任、国有资本经营预算完成情况等信息不公开,社会组织很难对其进行有效监督。同时,由于现有企业数量多,监管部门人手不足,导致监管手段缺乏、监管方式滞后。

(四)出资企业权属复杂,资产质量参差不齐

出资资产产权比较复杂。

(1)部分企业与主办单位依存度高。党政机关、事业单位所属企业多是主办单位职能延伸或技术成果转化的产物,与主办单位依存度较高。

(2)部分企业性质复杂。一是执行企业会计制度的企业化管理事业单位。二是零补助事业单位出资兴办的企业。三是部分单位由于占有使用的经营性资产总额较大,存在一些不规范的自行经营或出租的行为,

管理分散，游离财政、国资等部门监管之外。

（3）部分企业存在主办单位具有行政事业身份人员到企业任职情况。

（4）部分企业存在拖欠职工工资、社会保险等费用及其他历史遗留问题。国有企业拥有的资产质量参差不齐，一部分是土地、房产、专利等优良资产，另一部分则是大量因管理不善或技术更新等原因而闲置或与主营业务不相关的无效资产。无效资产的注入可能给企业带来诸如创利能力、股本扩张、净利润摊薄和每股收益摊薄等方面的影响。

（五）"一管就死，一放就乱"，企业缺乏行权能力

在监管过程中，如果出资人代表机构过度干预管控则容易导致出资企业职能条线僵化、打击了出资公司经营积极性等问题；过度放权则又可能导致管理混乱，滋生各类廉洁问题。最终无法实现对出资公司的有效管控，失去出资人代表机构管控的有效性和权威性。在国有资产监管改革过程中，从管资产到管企业到管资本，目的显然不是要把国有资产和国有企业管死，而是希望通过多种方式的统一监管改革，抓大放小，既实现统一监管又保持企业活力。但是，在现行的国有企业监管过程中，人员任命不是根据市场需求、管理层有行政级别等方面影响了企业的行权能力。

（六）事企人财物混用，人员安置问题复杂

根据中共中央办公厅、国务院办公厅《关于推进中央党政机关和事业单位经营性国有资产集中统一监管试点的实施意见》（中办发〔2018〕44号），与行使公共职能或发展公共事业无关的企业全部脱钩划转。根据江苏省地质矿产勘查局、江苏省有色金属华东地质勘查局调研情况，部分党政机关和事业单位出资企业轻资产、重资质，事企人员"一套班子，两块牌子"，人财物混用。同时，由于行业要求，很多业务要求单位有资质、人员有资质，单位资质不得转让，人员资质人到哪、资质到哪。在脱钩划转改革过程中，可能大部分人员会选择事业单位，放弃企业单位，这将导致企业被掏空停运的境地。如果搞"一刀切"、划入企业，则可能会引起人员上访等社会群体事件。

第六章
江苏省实施经营性国有资产监管改革方案设想

一、总体要求

（一）指导思想

坚持以习近平新时代中国特色社会主义思想为指导，全面贯彻党的十九大和十九届二中、三中全会精神，转变政府职能，深化简政放权，创新体制机制，以管资本为主加强国有资本监管，推进江苏省党政机关和事业单位经营性国有资产集中统一监管，完善各类国有资产管理体制。深化国有企业改革，依法落实企业法人财产权和经营自主权，实现企业健康发展和经营性国有资产保值增值，推动国有资本做强做优做大，促进国家公共事业协同健康发展。

（二）基本原则

1. 明确责任

江苏省党政机关和事业单位是本部门或单位所办企业实施试点工作的责任主体，履行集中统一监管职责的部门和单位要建立健全监管体系，落实工作责任，实施有效监管。推进资产管理与预算管理有机结合，切实保障改革前后江苏省党政机关和事业单位预算经费需要。

2. 创新体制

以管资本为主加强国有资产监管，完善国有资本投资运营的市场化机制。科学合理界定政府及国有资产监管机构，国有资本投资运营公司和所持股企业的权利边界，健全权责利相统一的授权链条，进一步落实企业市场主体地位，培育具有创新能力和国际竞争力的国有骨干企业。

3. 分类施策

对于江苏省党政机关和事业单位所办企业，根据主办单位实际情况和所办企业性质分类处理，既要通过推进脱钩划转和资产处置、优化国有资本布局结构，又要合理设计机制、调动和保护有关方面积极性、促进企业与国家公共事业协同发展、发挥特殊领域国有企业有效作用。

4. 稳妥推进

在对江苏省党政机关和事业单位所办企业清查的基础上有序推进试点,妥善处理好资产、人员、经费等问题,切实维护有关方面合法权益,逐步实现改革目标。对违法违规造成国有资产损失的责任主体严肃问责,防止国有资产流失等。

(三) 监管目的

按照政企分开、政资分开、所有权与经营权分离的要求,理顺江苏省党政机关和事业单位与所办企业关系,搭建国有资本运作平台,优化国有资本布局结构,提高国有资本配置和监管效率,稳步将江苏省党政机关和事业单位所办企业的国有资本纳入经营性国有资产集中统一监管体系。通过改革建立健全中国特色现代国有企业制度,形成有效制衡的法人治理结构和灵活高效的市场化经营机制,持续瘦身健体提质增效,实现高质量发展。

二、江苏省党政机关和事业单位国有资产监管总体框架

江苏省党政机关和事业单位国有资产监管包括纳入统一集中监管平台的经营性资产和非经营性资产以及暂未纳入集中统一监管平台的经营性资产,做到江苏省党政机关和事业单位国有资产财政监管的全覆盖。江苏省机关单位国有资产的监管框架见图6-1。

(一) 非经营性国有资产的监管

江苏省财政厅是江苏省政府负责党政机关和事业单位国有资产管理的职能部门,对江苏省党政机关和事业单位国有资产实行综合管理。省财政厅资产管理处是江苏省财政厅直属单位,依据2006年《行政单位国有资产管理暂行办法》(财政部令第35号)《事业单位国有资产管理暂

行办法》(财政部令第36号)《江苏省行政事业单位国有资产管理办法》(2014年)承担江苏省省直行政事业单位非经营性资产管理事务性、辅助性、基础性工作,包括授权管理和非授权管理。

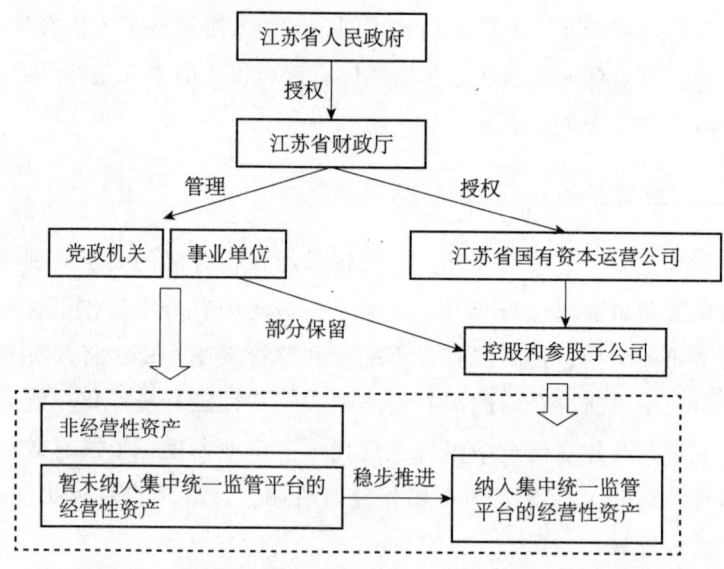

图6-1 江苏省党政机关和事业单位国有资产的监管框架

江苏省财政厅履行非经营性国有资产监管的主要职责是:制定行政事业单位国有资产管理制度;对本级行政事业单位和下级财政部门的非经营性国有资产管理工作以及机关事务主管部门实施机关资产管理的行为进行指导、监督、检查;负责行政事业单位非经营性国有资产的配置、使用、处置等管理工作,对行政事业单位非经营性国有资产收益实施监督管理;建立行政事业单位非经营性国有资产整合、共享、共用机制;建立国有资产信息化管理和绩效考核机制;法律、法规、规章规定的其他职责。

(二)经营性国有资产的监管

江苏省省级党政机关和事业单位经营性国有资产都应纳入集中统一监管体系。省财政厅对省级党政机关和事业单位的经营性国有资产履行集中统一监管职责。省级党政机关、事业单位所办企业,符合条件的,分步纳入国有资本运营公司实施集中统一监管。根据江苏省委、省政府改革要求，从事生产经营活动事业单位转企改制后符合条件的，纳入国有资本运营公司实施集中统一监管。省级党政机关和事业单位中后勤服务类、培训疗养类、检验检测类等单位，按照国家有关规定推进相关改革后，纳入集中统一监管体系。

暂未纳入集中统一监管平台的经营性资产，包括暂维持现行管理体制的特殊企业以及其他事业单位的经营性国有资产，应接受财政监管，通过稳步推进方式，分步纳入集中统一监管框架体系。

三、江苏省党政机关和事业单位国有资产集中统一监管内容

（一）监管主体

按照江苏省财政厅《关于省级党政机关和事业单位经营性国有资产集中统一监管改革试点的请示》（苏财资〔2018〕300号），江苏省人民政府授权江苏省财政厅依法履行集中统一监管职责；江苏省财政厅作为国有资产监管机构根据国有资本运营公司具体定位和实际情况，授权国有资本运营公司履行出资人职责。

江苏省成立省级党政机关和事业单位经营性国有资产集中统一监管改革领导小组（简称"领导小组"），统一领导和组织协调改革工作，审定各阶段改革单位名单和改革方案，协调解决改革中的突出问题，领导小组办公室（简称"国资监管办公室"）设在省财政厅。江苏省省财政厅作为牵头部门，会同领导小组各成员单位按照职责分工，研究出台相关改革配套措施，统筹研究重大问题，指导改革实践，共同推进改革工作。江苏省省财政厅组建专门工作小组，负责与省级各相关单位进行沟通协调，有序推进江苏省党政机关和事业单位所属企业经营性国有资产集中统一监管工作。

江苏省财政厅负责制定监管清单和责任清单，明确对国有资本运营公司的监管内容和方式，依法落实国有资本运营公司董事会职权。国有资本运营公司对授权范围内的国有资本履行出资人职责。江苏省财政厅

负责对国有资本运营公司进行考核和评价,并定期向江苏省人民政府报告,重点说明所监管国有资本运营公司贯彻国家战略目标、国有资产保值增值等情况。

(二) 组建国有资本运营公司

为接收集中统一监管改革中省级党政机关和事业单位划转移交的经营性国有资产,组建"江苏省国有资本运营有限公司"(简称"国有资本运营公司")。以管资本为主构建新型国有资本授权经营模式,实现国有资本所有权与企业经营权分离,实行国有资本市场化运作。

国有资本运营公司要设立党组织,把加强党的领导和完善公司治理统一起来,充分发挥党组织把方向、管大局、保落实的作用,符合条件的企业党组织领导班子成员通过法定程序进入董事会、监事会、经理层。企业党组(党委)书记、董事长由同一人担任。重大经营管理事项必须经党组织研究讨论后,再由董事会或经理层作出决定。上一级党组织及其组织部门要加强对有关国有企业和国有资本投资、运营公司领导人员的管理。

(三) 监管范围

按照"不重不漏"的原则,应该纳入集中统一监管的江苏省省级党政机关和事业单位经营性国有资产主要有以下四类:

(1) 省级党政机关所办企业;
(2) 省级事业单位所办企业;
(3) 从事生产经营活动的事业单位;
(4) 其他事业单位的经营性国有资产。

(四) 分类推进改革

按照"科学分类、厘清功能、综合施策、精准管理"的原则,充分考虑能够自主运营,有完整资产、发展活力、产权关系清晰、管理规范等因素,分类处理资产权属关系,实行集中统一监管。在试点阶段,可以优先在43家经营类事业单位、31家注册资本5000万以上的企业以及企业较为集中的7家主管部门中确定监管对象。

1. 脱钩划转企业的监管

江苏省党政机关直接兴办的企业、与本部门或单位承担的公共事业发展职能无关的一般营利性企业以及生产经营类事业单位转制企业,原则上与原党政机关和事业单位实行全部脱钩。

脱钩企业划转到国有资本运营公司后资本由国有资本运营公司持有,党政机关和事业单位不再持有这部分企业股权。国有资本运营公司将划入企业统一纳入考核范围,加强管理,实现国有资产保值增值。国有资产监管机构要按照有关规定加强监管。

脱钩企业划转后,江苏省财政厅统筹考虑党政机关和事业单位预算安排和被划转企业上缴收益等,对经费保障受到影响的原主办单位给予适当补助。

2. 部分保留企业的监管

对于与本部门或单位承担的公共事业发展职能密切相关,属于本部门或单位职能拓展和延伸的企业,实行部分资本划转。划转资本由国有资本运营公司持有,履行出资人职责,并实行集中监管。同时,原主办单位通过持有部分股权方式保持一定影响力,实现公共事业和企业业务互相促进、共同发展。

对部分保留企业实行公司制改革,将企业国有股权分为集中监管股权和原主办单位股权。集中监管股权统一划入国有资本运营公司并由其持有,原主办单位股权继续由原主办单位持有。国有资本运营公司履行部分保留企业国有资产出资人职责,负责国有股权管理、资本运作和布局结构调整。原主办单位负责推动企业经营与公共事业之间良性互动、协同发展,在企业发展规划和经营方针、管理人员选聘、投资风险控制等重大事项上拥有主要表决权,在国有产权转让、国有资产处置等重大事项上拥有一票否决权,同时享有根据企业经营业绩和持股情况获得收益的权利。

3. 维持现行管理体制的特殊企业的监管

对于新闻宣传、文化类企业,维持现行管理体制,继续实行"管人管事管资产"和"管导向"相结合的办法。对于外交、国防、政法、金融等领域承担国家特殊任务的企业以及其他特殊企业,维持现行管理体制不变。

江苏省党政机关和事业单位要根据相关规定，结合行业性质、研究提出有针对性的监管要求和措施。改进和完善国有资产管理制度，加强对维持现行管理体制特殊企业的监管。理顺特殊企业的产权关系，推动企业建立健全产权清晰、权责明确、管理科学的现代企业制度。充分利用江苏省党政机关和事业单位已有的国有资产管理平台公司，严格构建集中监管机制。

四、工作要求

（一）落实主体责任

党政机关和事业单位对所属企业经营性国有资产集中统一监管工作承担主体责任，单位主要负责人是第一责任人，要按要求完成自检自查、清理企业历史遗留问题、提出集中统一监管方案等工作，制定所属企业改革时间表和路线图并组织实施。重视政策宣传和舆论引导、舆情应对，扎实做好员工思想政治工作。事业单位所属企业是企业国有资产安全完整和保值增值的第一责任人，要认真做好体制改革各项具体工作。要严格执行"三重一大"决策程序，加强对所属企业党组织的领导，强化企业党委（党组）的领导作用和基层党组织的战斗堡垒作用。企业历史遗留问题原则上要清理解决后再移交。党政机关和事业单位经营性国有资产集中统一监管工作纳入各单位年度工作目标考核。

（二）搞好资产清查

党政机关和事业单位应当将经营性国有资产纳入资产清查范围，进行全面清查登记，包括本级及其下属各级企业（不含参股企业）各类资产，对参股企业资产总额、负债总额、所有者权益和股权关系等情况进行详细说明。按照财政部《关于印发〈关于从事生产经营活动事业单位改革中国有资产管理的若干规定〉的通知》（财资〔2017〕13号）要求,在资产清查工作中,财政部门、党政机关和事业单位认为必要时,可以委托社会中介机构对资产清查结果进行专项审计或复核。发生的审计费用,按照"谁委托、谁付费"的原则,由委托方承担。党政机关和事业单位应当遵循公平公正、公开透明的原则,严格规范工作程序,依法依规处置国有资产。

(三) 规范工作程序

江苏省党政机关和事业单位要严格按照国家有关规定,规范操作程序,防止国有资产流失和逃废金融债务。

1. 实行脱钩划转的企业

党政机关和事业单位要理顺企业产权关系,明晰资产权属、土地使用方式、职工身份等,并做好职工思想工作,保持职工队伍稳定。相关接收方要做好企业资产、人员、债权债务等整体接收工作,落实脱钩划转企业的劳动关系处理、社会保险关系接续等相关政策。划转双方可报据实际情况协商有关资产接收、人员安排、债权债务处理以及相关补偿等事项。

2. 部分保留的企业

党政机关和事业单位要清理核实企业资产、人员、债权债务等,与国有资本运营公司协商一致办理资本划转手续。同时,按照国家有关规定,在企业章程中明确集中监管股权及原主办单位股权股东具体职责,通过规范的法人治理结构履职行权,形成优势互补、协同发展的局面,促进国有资产保值增值。

3. 维持现行管理体制的部分特殊企业

党政机关和事业单位要完善企业内部监督机制,加强董事会内部制衡约束,增强监事会独立性和权威性,重视企业职工民主监督,充分发挥党组织领导作用。江苏省党政机关和事业单位要健全规范国有资本运作制度,强化对企业的监督检查。

4. 实施市场化处置的企业

江苏省党政机关和事业单位所办企业中,属于"僵尸企业""空壳企业"或与行使公共职能和发展公共事业无关但难以脱钩划转的国有企业,按照国家有关规定通过实施注销、撤销、破产、拍卖、出售等市场化方式处置。党政机关和事业单位及其主办单位作为责任主体,要妥善处理好企业资产、人员、债权债务等各类问题。要按照有关规定,以人为本、积极稳妥、因地制宜,采取多种方式妥善安置改革涉及的相关人员,维护职工合法权益。企业资产处置收益可按照相关法律法规规定用于安置职工,经费不足的由原部门和单位通过调剂预算适当解决。

(四) 严格责任追究

财政部门以及党政机关和事业单位要加强对企业国有资产交易主体和交易过程的监管,防止暗箱操作、低价贱卖、利益输送、化公为私、逃废债务,杜绝国有资产流失。党政机关和事业单位及所办企业要遵守企业国有资产法律法规,严肃财经纪律,不得违规隐匿、转移、转让、出卖企业资产或变更企业登记,不得借改革之机逃废债务,不得以任何方式干扰、阻碍中介机构开展审计、评估和产权交易工作,不得搞内幕交易和利益输送。财政部门要会同有关部门切实加强对改革工作的监督检查,及时受理群众举报,并将改革工作纳入党政机关和事业单位党政主要领导干部经济责任审计范围。对因违法违规造成国有资产损失的责任主体,要严肃问责;构成犯罪的,要依法追究刑事责任。

五、关于文件印发形式

建议参照中央的做法,以江苏省委办公厅、江苏省政府办公厅名义印发《江苏省省级党政机关和事业单位经营性国有资产集中统一监管改革的实施方案》、以江苏省政府名义印发《关于组建江苏省国有资本运营有限公司的建议方案》,以江苏省政府办公厅名义印发《关于成立江苏省省级党政机关和事业单位经营性国有资产集中统一监管改革领导小组的通知》。

第七章
政策建议

一、统一监管主体，更新管理理念

在政府直接授权模式下，财政部门代表政府部门对国有资本运营公司实施监管；国有资本运营公司是市场化的出资人，直接持有国有股权，不直接从事任何生产经营活动，不干预出资企业的日常经营活动，仅以出资额为限对出资企业行使出资人权力，实现国有资本布局调整，保值增值和特定政策目标等功能；国有全资、控股和参股公司负责具体的营运活动。政府直接授权模式能够让直授公司没有"婆婆"，财政部门代表政府协调各综合管理部门。

以管资本为主，采用授权经营、分级管理方式，建立国资监管新体制。厘清政府与市场的边界，用市场化管理思维，建立企业运作机制，开展市场化选人用人、混合所有制改革、职业经理人建设等综合改革的试点。从体制、机制入手，把资本运营公司最终打造成政府和企业间的防火墙，建立合理的行政事业单位国有资产统一监管模式，打造科学、合理商业模式，提供公共服务，提高国有资本活力和企业活力。按照有关法律法规规定，以管资本为主全面加强国有资产监管，履行程序，规范操作，强化审计监督，防止国有资产损失。实行顶层设计，至上而下积极稳妥推进。一方面，强调资产管理与预算管理相结合，从预算编制时就充分考虑资产配置问题，把资产和预算联系在一起，如果资产使用效果不好，那么在经费安排上必然会受到影响。另一方面，重视公众对公共服务的需求，政府公共资产管理强调以公众对公共服务的基本需求为前提，本着科学规范、公平公正的原则配置公共资源，实现公共服务效率最大化的目标。

出资人代表机构要加快优化监管流程、创新监管手段，充分运用信息技术，整合包括产权、投资和财务等在内的信息系统，搭建连通出资人代表机构与企业的网络平台，实现监管信息系统全覆盖和实时在线监管。建立模块化、专业化的信息采集、分析和报告机制，加强信息共享，增强监管的针对性和及时性。同时，健全信息公开制度，及时准确地披露国有资本流动去向和国有企业业绩考核等总体情况，让社会公众充分了解资金去向，发挥社会公众的监督作用。

二、分类授权放权，提升行权能力

根据《国务院关于推进国有资本投资、运营公司改革试点的实施意见》（国发〔2019〕9号），出资人代表机构对国有资本投资、运营公司及其他商业类企业（含产业集团，下同）、公益类企业等不同类型企业给予不同范围、不同程度的授权放权，定期评估效果，采取扩大、调整或收回等措施动态调整。出资人代表机构根据《国务院关于推进国有资本投资、运营公司改革试点的实施意见》（国发〔2018〕23号）有关要求，结合企业发展阶段、行业特点、治理能力、管理基础等，"一企一策"有侧重、分先后地向符合条件的企业开展授权放权，维护好股东合法权益。授权放权内容主要包括战略规划和主业管理、选人用人和股权激励、工资总额和重大财务事项管理等，亦可根据企业实际情况增加其他方面授权放权内容。政府直接授权的国有资本投资、运营公司按照有关规定对授权范围内的国有资本履行出资人职责，遵循有关法律和证券市场监管规定开展国有资本运作。对未纳入国有资本投资、运营公司试点的其他商业类企业和公益类企业，要充分落实企业的经营自主权，出资人代表机构主要对集团公司层面实施监管或依据股权关系参与公司治理，不干预集团公司以下各级企业生产经营具体事项。

出资人代表机构应该指导推动国有企业进一步强化基础管理，优化集团管控，提升国有企业行权能力。一是夯实管理基础。按照统一制度规范、统一工作体系的原则，加强国有资产基础管理。推进管理创新，优化总部职能和管理架构。深化企业内部三项制度改革，实现管理人员能上能下、员工能进能出、收入能增能减。不断强化风险防控体系和内控机制建设，完善内部监督体系，有效发挥企业职工代表大会和内部审计、巡视、纪检监察等部门的监督作用。二是优化集团管控。国有资本投资公司以对战略性核心业务控股为主，建立以战略目标和财务效益为主的管控模式,重点关注所出资企业执行公司战略和资本回报状况。国有资本运营公司以财务性持股为主,建立财务管控模式,重点关注国有资本流动和增值状况。其他商业类企业和公益类企业以对核心业务控股为主,建立战略管控和运营管控相结合的模式,重点关注所承担国家战略使命和保障任务的落实状况。三是提升资本运作能力。国有资本投资、运营公司作为国有资本市场化运作的专业平台,以资本为纽带、以产权为基础开展国有资本运作。在所出资企业积极发展混合所有制,鼓励有条件的企业上市,引进战略投资者,提高资本流动性,放大国有资本功能。增强股权运作、价值管理等能力,通过清理退出一批、重组整合一批、创新发展一批,实现国有资本形态转换,变现后投向更需要国有资本集中的行业和领域。

三、明确权责边界,完善公司治理

省属党政机关和事业单位,经江苏省人民政府批准,可成立投资、运营公司(以下统称"部门投资""运营公司"),作为国有资本投资、运营公司的全资子公司。部门或单位受国有资本投资、运营公司委托,对部门投资、运营公司履行除资本运作权、收益权之外的股东职责。部门投资、运营公司持有企业的集中监管股权,原主办单位持有企业的原主办单位股权。原主办单位企业,国有资本收益除上缴国有资本经营预算外,由原主办单位享有;企业资产处置收益由原主办单位享有,企业以科技成果作价投资形成的股份或出资比例,其处置收益按照有关法律规定对相关科技人员给予奖励或报酬后,由原主办单位享有,用于科学技术研究开发或成果转化相关工作;部门投资、运营公司不再享有这部分保留企业的资本收益权,主要根据资本运营效益情况获得省财政奖励。

根据《国务院关于推进国有资本投资、运营公司改革试点的实施意见》(国发〔2019〕9号),为明确出资人代表机构与国家出资企业之间的权责边界,应该实现清单管理,强化章程约束,厘清国有资本运营公司的出资人职责。制定出台出资人代表机构监管权力责任清单,清单以外事项由企业依法自主决策，清单以内事项要大幅减少审批或事前备案。将依法应由企业自主经营决策的事项归位于企业，将延伸到子企业的管理事项原则上归位于一级企业，原则上不干预企业经理层和职能部门的管理工作，将配合承担的公共管理职能归位于相关政府部门和单位。同时，依法依规、"一企一策"地制定公司章程，规范出资人代表机构、股东会、党组织、董事会、经理层和职工代表大会的权责，推动各治理主体严格依照公司章程行使权利、履行义务，充分发挥公司章程在公司治理中的基础作用。

按照建设中国特色现代国有企业制度的要求，把加强党的领导和完善公司治理统一起来，加快形成有效制衡的公司法人治理结构、灵活高效的市场化经营机制。建设规范高效的董事会，完善董事会运作机制，提升董事会履职能力，激发经理层活力。要在所出资企业积极推行经理层市场化选聘和契约化管理，明确聘期以及企业与经理层成员双方的权利与责任，强化刚性考核，建立退出机制。构建国企法人结构体系过程中，要充分考虑给予企业自主决策空间的同时，又确保对国企的监督权利，从而真正实现政企分离。

出资人代表机构以企业功能分类为基础，对国家出资企业进行分类管理、分类授权放权，切实转变行政化的履职方式，减少审批事项，强化事中事后监管，充分运用信息化手段，减轻企业工作负担，不断提高监管效能。同时，加强国有企业内部监督、出资人监督和审计、纪检监察、巡视监督以及社会监督，结合中央企业纪检监察机构派驻改革的要求，依照有关规定清晰界定各类监督主体的监督职责，有效整合企业内外部监督资源，增强监督工作合力，形成监督工作闭环，加快建立全面覆盖、分工明确、协同配合、制约有力的国有资产监督体系，切实增强监督有效性。

四、优化用人机制，妥善安置人员

党政机关和事业单位经营性国有资产集中统一监管改革过程，应该探索建立自主灵活、适应市场竞争的经营管理机制，实行管理人员能上能下、员工能进能出的用人制度，建立与劳动力市场基本适应、与企业经济效益和劳动生产率挂钩的工资决定和正常增长机制，合理确定并严格规范企业管理人员履职待遇和业务支出，着力提升企业发展活力和抵御风险能力。

党政机关和事业单位要严格依据国家有关法律法规规定，按照积极稳妥、因地制宜的原则，采取多种方式妥善安置企业相关人员，避免出现新的问题。党政机关和事业单位所属企业中的事业编制人员可选择留在企业或回到党政机关和事业单位。对于选择回到党政机关和事业单位的人员，党政机关和事业单位应采取多种方式妥善安置；对于选择留在企业的人员，企业要依法依规做好人事劳动关系、党员组织关系、社会保险关系转移接续等工作，并与其签订劳动合同。企业中现有聘任人员，由企业按照《中华人民共和国劳动法》《中华人民共和国劳动合同法》等法律法规，积极稳妥做好相关工作。

纳入集中统一监管企业应同步推进企业办社会职能移交及离退休人员社会化管理相关工作。企业所在地政府及相关部门、各级社保机构按职能职责，认真落实相关政策。纳入集中统一监管企业存在拖欠职工工资、社会保险、安置费用等历史遗留问题的，由企业主管部门负责，相关部门妥善处理。

五、分类处置资产，开展摸底调查

按照中共中央办公厅国务院办公厅《关于印发〈关于从事生产经营活动事业单位改革的指导意见〉的通知》（厅字〔2016〕38号）要求，集中统一监管工作中需处置的资产，由产权持有单位审核后按规定处置，处置收入优先用于职工安置和改革成本支出。市场化处置的企业（难以脱钩划转），以及部分轻资产、服务类企业，通过产权交易市场公开挂牌转让。如占用原部门非经营性房产，在过渡期可以采用交租金的方式使用。事业单位非经营性资产出租出借需报经财政部门审批，租金收入进国库。脱钩划转注入平台的企业。涉及的原划拨土地，转制为企业后用途符合划拨用地目录的，可继续以划拨方式使用；不符合划拨用地目录的，应当依法实行有偿使用。转制为一般竞争性企业的，原生产经营性划拨用地可采用协议出让或租赁方式进行土地资产处置；经省级以上人民政府批准实行授权经营的国有独资企业、国有独资公司、国有资本控股公司等企业，原生产经营划拨用地，经批准可采用国家作价出资（入股）方式配置。

建议调查内容包括事业单位的性质、业务依附性、从业人员的身份、经审计会计报表、三年持续经营、工商税收、固定资产（土地、厂房等）、租借情况、负债情况等内容。省属党政机关和事业单位在完成资产清理的基础上，向省财政厅提出集中统一监管的具体执行方案。江苏省财政厅对江苏省党政机关和事业单位提出的具体方案进行汇总梳理，按照"成熟一批集中监管一批、成熟一户移交一户"的原则，分类分批报领导小组审核后上报江苏省委、省政府审定。

附录：

关于推进中央党政机关和事业单位经营性国有资产集中统一监管试点的实施意见
（中办发〔2018〕44号）

推进中央党政机关和事业单位经营性国有资产集中统一监管，是以管资本为主完善国有资产管理体制的重要举措。按照《中共中央、国务院关于深化国有企业改革的指导意见》及相关文件要求和党中央、国务院工作部署，为进一步深化中央党政机关和事业单位所办企业改革，推进经营性国有资产集中统一监管，制定本实施意见。

一、总体要求

（一）指导思想

全面贯彻党的十九大和十九届二中、三中全会精神，以习近平新时代中国特色社会主义思想为指导，转变政府职能，创新体制机制，坚持以管资本为主加强国有资本监管，推进经营性国有资产集中统一监管，完善各类国有资产管理体制。深化国有企业改革，依法落实企业法人财产权和经营自主权，实现企业健康发展和经营性国有资产保值增值，推动国有资本做强做优做大，促进国家公共事业协同健康发展。

（二）基本原则

——明确责任。中央党政机关和事业单位是本部门或单位所办企业实施试点工作的责任主体，履行集中统一监管职责的部门和单位要建立健全监管体系，落实工作责任，实施有效监管。推进资产管理与预算管理有机结合，切实保障改革前后中央党政机关和事业单位预算经费需要。

——分类施策。对于中央党政机关和事业单位所办企业，根据主办单位实际情况和所办企业性质分类处理，既要通过推进脱钩划转和资产处置，优化国有资本布局结构，又要合理设计机制，调动和保护有关方面积极性，促进企业与国家公共事业协同发展，发挥特殊领域国有企业有效作用。

——稳妥推进。在对中央党政机关和事业单位所办企业清查的基础上有序推进试点，妥善处理好资产、人员、经费等问题，切实维护有关方面合法权益，逐步实现改革目标。对违法违规造成国有资产损失的责任主体严肃问责，防止国有资产流失和恶意逃废金融债务。

（三）试点目标

按照政企分开、政资分开、所有权与经营权分离的要求，理顺中央党政机关和事业单位与所办企业关系，搭建国有资本运作平台，优化国有资本布局结构，提高国有资本配置和监管效率，稳步将中央党政机关和事业单位所办企业的国有资本纳入经营性国有资产集中统一监管体系。通过改革建立健全中国特色现代国有企业制度，形成有效制衡的法人治理结构和灵活高效的市场化经营机制，持续瘦身健体提质增效，实现高质量发展。

二、试点内容

（一）分类处理资产权属关系

1. 与行使公共职能或发展公共事业无关的企业实行全部脱钩划转。对于中央党政机关直接兴办的企业，除党中央、国务院另有规定外，原则上实行脱钩划转。与本部门或单位承担的公共事业发展职能无关的企业均为一般营利性企业，中央党政机关和事业单位要积极推动与这部分企业全部脱钩，不再持有这部分企业股权，协商将企业包括资产、人员、债权债务划转移交给有关国有企业或国有资本投资、运营公司。

2. 与本部门或单位公共事业协同发展的企业实行部分保留。对于与本部门或单位承担的公共事业发展职能密切相关，属于本部门或单位职能拓展和延伸的企业，实行部分资本划转。划转资本由国有资本投资、运营公司持有，履行出资人职责，并实行集中监管。同时，原主办单位通过持有部分股权方式保持一定影响力，实现公共事业和企业业务互相促进、共同发展。

3. 部分特殊企业维持现行管理体制。对于新闻宣传、文化类企业，维持现行管理体制，继续实行管人管事管资产和管导向相结合的办法。对于外交、国防、政法、金融等领域承担国家特殊任务的企业，以及经党中央、国务院批准的其他特殊企业，维持现行管理体制不变。

4. "僵尸企业""空壳企业"等通过市场化方式处置。中央党政机关和事业单位所办企业中，属于"僵尸企业""空壳企业"或与行使公共职能和发展公共事业无关但难以脱钩划转的国有企业，按照国家有关规定通过实施注销、撤销、破产、拍卖、出售等市场化方式处置。

（二）对经营性国有资产实行集中统一监管

1. 将脱钩划转企业纳入相关接收企业实施集中监管。划转至相关国有企业的中央党政机关和事业单位所办企业，纳入接收企业统一经营管理，由接收企业承担国有资产保值增值职责；划入国有资本投资、运营公司的企业，由国有资本投资、运营公司根据授权和相关规定统一管理，承担资本运作、资产处置和保值增值等职责。

接受划转的国有企业和国有资本投资、运营公司要加强对划入企业的管理，将划入企业统一纳入考核范围，实现国有资产保值增值。国有资产监管机构要按照有关规定加强监管。

脱钩企业划转后，中央财政统筹考虑中央党政机关和事业单位预算安排和被划转企业上缴收益等，对经费保障受到影响的原主办单位给予适当补助。

2. 由国有资本投资、运营公司对部分保留企业实施集中监管。对部分保留企业实行公司制改革，将企业国有股权分为集中监管股权和原主办单位股权。集中监管股权统一划入国有资本投资、运营公司并由其持有，原主办单位股权继续由原主办单位持有。国有资本投资、运营公司履行部分保留企业国有资产出资人职责，负责国有股权管理、资本运作和布局结构调整。原主办单位负责推动企业经营与公共事业之间良性互动、协同发展，在企业发展规划和经营方针、管理人员选聘、投资风险控制等重大事项上拥有主要表决权，在国有产权转让、国有资产处置等重大事项上拥有一票否决权，同时享有根据企业经营业绩和持股情况获得收益的权利。

国有资本投资、运营公司和原主办单位对企业派出股权董事，通过规范的法人治理结构履职行权，形成分工明晰、各负其责的管理机制。其中，对于国有及国有控股企业、国有实际控制企业，原主办单位和国有资本投资、运营公司均派出股权董事；对于国有参股企业，国有资本投资、运营公司委托原主办单位派出国有股权董事。国有资本投资、运营公司与原主办单位须就股权董事的委托派出事项签订委托协议，并就重大事项作权责约定，保障双方权利和义务。

教育、科研等中央党政机关和事业单位，经国务院批准，可成立投资、运营公司（以下统称部门投资、运营公司），作为国有资本投资、运营公司的全资子公司。部门或单位受国有资本投资、运营公司委托，对部门投资、运营公司履行除资本运作权、收益权之外的股东职责。部门投资、运营公司持有企业的集中监管股权，原主办单位持有企业的原主办单位股权。原主办单位是高校、科研院所的企业，国有资本收益除上交国有资本经营预算外，由原主办单位享有；企业资产处置收益由原主办单位享有，企业以科技成果作价投资形成的股份或出资比例，其处置收益按照有关法律规定对相关科技人员给予奖励或报酬后，由原主办单位享有，用于科学技术研究开发或成果转化相关工作；部门投资、运营公司不再享有这部分保留企业的资本收益权，主要根据资本运营效益情况获得中央财政奖励。

3. 对于维持现行管理体制的特殊企业，中央党政机关和事业单位要建立统一监管规则，加强集中监管。中央党政机关和事业单位要根据相关规定，结合行业性质、研究提出有针对性的监管要求和措施。改进和完善国有资产管理制度，加强对维持现行管理体制特殊企业的监管。理顺特殊企业的产权关系，推动企业建立健全产权清晰、权责明确、管理科学的现代企业制度。充分利用中央党机关和事业单位已有的国有资产管理平台公司，严格构建集中监管机制。对于新闻宣传、文化类企业，要按照国家有关规定，进一步完善管人管事管资产和管导向相结合的监管体制。

各有关方面要充分发挥党组织的领导作用，严格落实全面从严治党责任。有关国有企业和国有资本投资、运营公司要设立党组织，把加强党的领导和完善公司治理统一起来，充分发挥党组织把方向、管大局、保落实的作用，符合条件的企业党组织领导班子成员通过法定程序进入董事会、监事会、经理层。企业党组（党委）书记、董事长由同一人担任。重大经营管理事项必须经党组织研究讨论后，再由董事会或经理层作出决定。上一级党组织及其组织部门要加强对有关国有企业和国有资本投资、运营公司领导人员的管理。

（三）规范脱钩划转和资产处置工作程序

中央党政机关和事业单位要严格按照国家有关规定，规范操作程序，防止国有资产流失和逃废金融债务。

1. 对于实行脱钩划转的企业，中央党政机关和事业单位要理顺企业产权关系，明晰资产权属、土地使用方式、职工身份等，并做好职工思想工作，保持职工队伍稳定。相关接收方要做好企业资产、人员、债权债务等整体接收工作，落实脱钩划转企业的劳动关系处理、社会保险关系接续等相关政策。划转双方可根据实际情况协商有关资产接收、人员安排、债权债务处理以及相关补偿等事项。

2. 对于部分保留的企业，中央党政机关和事业单位要清理核实企业资产、人员、债权债务等，与国有资本投资、运营公司协商一致办理资本划转手续。同时按照国家有关规定，在企业章程中明确集中监管股权及原主办单位股权股东具体职责，通过规范的法人治理结构履职行权，形成优势互补、协同发展的局面，促进国有资产保值增值。

3. 对于维持现行管理体制的部分特殊企业，中央党政机关和事业单位要完善企业内部监督机制，加强董事会内部制衡约束，增强监事会独立性和权威性，重视企业职工民主监督，充分发挥党组织领导作用。中央党政机关和事业单位要健全规范国有资本运作制度，强化对企业的监督检查。

4. 对于实施市场化处置的企业，中央党政机关和事业单位及其主办单位作为责任主体，要妥善处理好企业资产、人员、债权债务等各类问题。要按照有关规定，以人为本、积极稳妥、因地制宜，采取多种方式妥善安置改革涉及的相关人员，维护职工合法权益。企业资产处置收益可按照相关法律法规规定用于安置职工，经费不足的由原部门和单位通过调剂预算适当解决。

（四）有关税收政策

中央党政机关和事业单位所办企业重组整合、划转、处置涉及的资产评估增值、土地变更登记和国有资产无偿划转，符合相关政策规定的，享受相应的税收优惠政策。

三、实施步骤

（一）确定试点名单。2018年，选择若干具有代表性的中央党政机关和事业单位，作为首批改革试点单位，开展改革试点。试点单位名单由国务院国有企业改革领导小组（以下简称"领导小组"）研究确定。

（二）制定试点单位改革方案。试点单位按照本实施意见要求，依据本单位职能等，于2018年底前制定所办企业集中统一监管改革方案，明确对所办企业实施脱钩划转、部分保留、市场化处置等改革举措及理由。

（三）改组组建国务院直接授权的国有资本投资、运营公司。成立国务院直接授权的国有资本投资、运营公司筹备组，于2018年底前提出公司组建方案和公司章程，并做好接收准备。

（四）推进所办企业集中统一监管。试点单位会同有关部门积极推进改革工作，按展要求将所办企业分类分步纳入集中统一监管体系。2019年6月底前，试点单位所办企业应当基本实现集中统一监管。

国务院关于推进国有资本投资、运营公司改革试点的实施意见（国发〔2018〕23号）

各省、自治区、直辖市人民政府，国务院各部委、各直属机构：

改组组建国有资本投资、运营公司，是以管资本为主改革国有资本授权经营体制的重要举措。按照《中共中央 国务院关于深化国有企业改革的指导意见》《国务院关于改革和完善国有资产管理体制的若干意见》有关要求和党中央、国务院工作部署，为加快推进国有资本投资、运营公司改革试点工作，现提出以下实施意见。

一、总体要求

（一）指导思想

全面贯彻党的十九大和十九届二中、三中全会精神，以习近平新时代中国特色社会主义思想为指导，坚持社会主义市场经济改革方向，坚定不移加强党对国有企业的领导，着力创新体制机制，完善国有资产管理体制，深化国有企业改革，促进国有资产保值增值，推动国有资本做强做优做大，有效防止国有资产流失，切实发挥国有企业在深化供给侧结构性改革和推动经济高质量发展中的带动作用。

（二）试点目标

通过改组组建国有资本投资、运营公司，构建国有资本投资、运营主体，改革国有资本授权经营体制，完善国有资产管理体制，实现国有资本所有权与企业经营权分离，实行国有资本市场化运作。发挥国有资本投资、运营公司平台作用，促进国有资本合理流动，优化国有资本投向，向重点行业、关键领域和优势企业集中，推动国有经济布局优化和结构调整，提高国有资本配置和运营效率，更好服务国家战略需要。试点先行，大胆探索，及时研究解决改革中的重点难点问题，尽快形成可复制、可推广的经验和模式。

（三）基本原则

坚持党的领导。建立健全中国特色现代国有企业制度，把党的领导融入公司治理各环节，把企业党组织内嵌到公司治理结构之中，明确和落实党组织在公司法人治理结构中的法定地位，充分发挥党组织的领导作用，确保党和国家方针政策、重大决策部署的贯彻执行。

坚持体制创新。以管资本为主加强国有资产监管，完善国有资本投资运营的市场化机制。科学合理界定政府及国有资产监管机构，国有资本投资、运营公司和所持股企业的权利边界，健全权责利相统一的授权链条，进一步落实企业市场主体地位，培育具有创新能力和国际竞争力的国有骨干企业。

坚持优化布局。通过授权国有资本投资、运营公司履行出资人职责，促进国有资本合理流动，优化国有资本布局，使国有资本投资、运营更好地服务于国家战略目标。

坚持强化监督。正确处理好授权经营和加强监督的关系，明确监管职责，构建并强化政府监督、纪检监察监督、出资人监督和社会监督的监督体系，增强监督的协同性、针对性和有效性，防止国有资产流失。

二、试点内容

（一）功能定位

国有资本投资、运营公司均为在国家授权范围内履行国有资本出资人职责的国有独资公司,是国有资本市场化运作的专业平台。公司以资本为纽带、以产权为基础依法自主开展国有资本运作,不从事具体生产经营活动。国有资本投资、运营公司对所持股企业行使股东职责,维护股东合法权益,以出资额为限承担有限责任,按照责权对应原则切实承担优化国有资本布局、提升国有资本运营效率、实现国有资产保值增值等责任。

国有资本投资公司主要以服务国家战略、优化国有资本布局、提升产业竞争力为目标,在关系国家安全、国民经济命脉的重要行业和关键领域,按照政府确定的国有资本布局和结构优化要求,以对战略性核心业务控股为主,通过开展投资融资、产业培育和资本运作等,发挥投资引导和结构调整作用,推动产业集聚、化解过剩产能和转型升级,培育核心竞争力和创新能力,积极参与国际竞争,着力提升国有资本控制力、影响力。

国有资本运营公司主要以提升国有资本运营效率、提高国有资本回报为目标,以财务性持股为主,通过股权运作、基金投资、培育孵化、价值管理、有序进退等方式,盘活国有资产存量,引导和带动社会资本共同发展,实现国有资本合理流动和保值增值。

(二) 组建方式

按照国家确定的目标任务和布局领域,国有资本投资、运营公司可采取改组和新设两种方式设立。根据国有资本投资、运营公司的具体定位和发展需要,通过无偿划转或市场化方式重组整合相关国有资本。

划入国有资本投资、运营公司的资产,为现有企业整体股权(资产)或部分股权。股权划入后,按现行政策加快剥离国有企业办社会职能和解决历史遗留问题,采取市场化方式处置不良资产和业务等。股权划入涉及上市公司的,应符合证券监管相关规定。

(三) 授权机制

按照国有资产监管机构授予出资人职责和政府直接授予出资人职责两种模式开展国有资本投资、运营公司试点。

1. 国有资产监管机构授权模式。政府授权国有资产监管机构依法对国有资本投资、运营公司履行出资人职责；国有资产监管机构根据国有资本投资、运营公司具体定位和实际情况，按照"一企一策"原则，授权国有资本投资、运营公司履行出资人职责，制定监管清单和责任清单，明确对国有资本投资、运营公司的监管内容和方式，依法落实国有资本投资、运营公司董事会职权。国有资本投资、运营公司对授权范围内的国有资本履行出资人职责。国有资产监管机构负责对国有资本投资、运营公司进行考核和评价，并定期向本级人民政府报告，重点说明所监管国有资本投资、运营公司贯彻国家战略目标、国有资产保值增值等情况。

2. 政府直接授权模式。政府直接授权国有资本投资、运营公司对授权范围内的国有资本履行出资人职责。国有资本投资、运营公司根据授权自主开展国有资本运作，贯彻落实国家战略和政策目标，定期向政府报告年度工作情况，重大事项及时报告。政府直接对国有资本投资、运营公司进行考核和评价等。

（四）治理结构

国有资本投资、运营公司不设股东会，由政府或国有资产监管机构行使股东会职权，政府或国有资产监管机构可以授权国有资本投资、运营公司董事会行使股东会部分职权。按照中国特色现代国有企业制度的要求，国有资本投资、运营公司设立党组织、董事会、经理层，规范公司治理结构，建立健全权责对等、运转协调、有效制衡的决策执行监督机制，充分发挥党组织的领导作用、董事会的决策作用、经理层的经营管理作用。

1. 党组织。把加强党的领导和完善公司治理统一起来，充分发挥党组织把方向、管大局、保落实的作用。坚持党管干部原则与董事会依法产生、董事会依法选择经营管理者、经营管理者依法行使用人权相结合。按照"双向进入、交叉任职"的原则，符合条件的党组织领导班子成员可以通过法定程序进入董事会、经理层，董事会、经理层成员中符合条件的党员可以依照有关规定和程序进入党组织领导班子。党组织书记、董事长一般由同一人担任。对于重大经营管理事项，党组织研究讨论是董事会、经理层决策的前置程序。国务院直接授权的国有资本投资、运营公司，应当设立党组。纪检监察机关向国有资本投资、运营公司派驻纪检监察机构。

2. 董事会。国有资本投资、运营公司设立董事会，根据授权，负责公司发展战略和对外投资，经理层选聘、业绩考核、薪酬管理，向所持股企业派出董事等事项。董事会成员原则上不少于 9 人，由执行董事、外部董事、职工董事组成。保障国有资本投资、运营公司按市场化方式选择外部董事等权利，外部董事应在董事会中占多数，职工董事由职工代表大会选举产生。董事会设董事长 1 名，可设副董事长。董事会下设战略与投资委员会、提名委员会、薪酬与考核委员会、审计委员会、风险控制委员会等专门委员会。专门委员会在董事会授权范围内开展相关工作，协助董事会履行职责。

国有资产监管机构授权的国有资本投资、运营公司的执行董事、外部董事由国有资产监管机构委派。其中，外部董事由国有资产监管机构根据国有资本投资、运营公司董事会结构需求，从专职外部董事中选择合适人员担任。董事长、副董事长由国有资产监管机构从董事会成员中指定。

政府直接授权的国有资本投资、运营公司执行董事、外部董事（股权董事）由国务院或地方人民政府委派，董事长、副董事长由国务院或地方人民政府从董事会成员中指定。其中，依据国有资本投资、运营公司职能定位，外部董事主要由政府综合管理部门和相关行业主管部门提名，选择专业人士担任，由政府委派。外部董事可兼任董事会下属专门委员会主席，按照公司治理结构的议事规则对国有资本投资、运营公司的重大事项发表相关领域专业意见。

政府或国有资产监管机构委派外部董事要注重拓宽外部董事来源，人员选择要符合国有资本投资、运营公司定位和专业要求，建立外部董事评价机制，确保充分发挥外部董事作用。

3. 经理层。国有资本投资、运营公司的经理层根据董事会授权负责国有资本日常投资运营。董事长与总经理原则上不得由同一人担任。

国有资产监管机构授权的国有资本投资、运营公司党组织隶属中央、地方党委或国有资产监管机构党组织管理，领导班子及其成员的管理，以改组的企业集团为基础，根据具体情况区别对待。其中，由中管企业改组组建的国有资本投资、运营公司,领导班子及其成员由中央管理;由非中管的中央企业改组组建或新设的国有资本投资、运营公司,领导班子及其成员的管理按照干部管理权限确定。

政府直接授权的国有资本投资、运营公司党组织隶属中央或地方党委管理,领导班子及其成员由中央或地方党委管理。

国有资本投资、运营公司董事长、董事(外部董事除外)、高级经理人员,原则上不得在其他有限责任公司、股份有限公司或者其他经济组织兼职。

(五) 运行模式

1. 组织架构。国有资本投资、运营公司要按照市场化、规范化、专业化的管理导向,建立职责清晰、精简高效、运行专业的管控模式,分别结合职能定位具体负责战略规划、制度建设、资源配置、资本运营、财务监管、风险管控、绩效评价等事项。

2. 履职行权。国有资本投资、运营公司应积极推动所持股企业建立规范、完善的法人治理结构,并通过股东大会表决、委派董事和监事等方式行使股东权利,形成以资本为纽带的投资与被投资关系,协调和引导所持股企业发展,实现有关战略意图。国有资本投资、运营公司委派的董事、监事要依法履职行权,对企业负有忠实义务和勤勉义务,切实维护股东权益,不干预所持股企业日常经营。

3. 选人用人机制。国有资本投资、运营公司要建立派出董事、监事候选人员库,由董事会下设的提名委员会根据拟任职公司情况提出差额适任人选,报董事会审议、任命。同时,要加强对派出董事、监事的业务培训、管理和考核评价。

4. 财务监管。国有资本投资、运营公司应当严格按照国家有关财务制度规定,加强公司财务管理,防范财务风险。督促所持股企业加强财务管理,落实风险管控责任,提高运营效率。

5. 收益管理。国有资本投资、运营公司以出资人身份,按照有关法律法规和公司章程,对所持股企业的利润分配进行审议表决,及时收取分红,并依规上缴国有资本收益和使用管理留存收益。

6. 考核机制。国有资本投资公司建立以战略目标和财务效益为主的管控模式,对所持股企业考核侧重于执行公司战略和资本回报状况。国有资本运营公司建立财务管控模式,对所持股企业考核侧重于国有资本流动和保值增值状况。

(六) 监督与约束机制

1. 完善监督体系。整合出资人监管和审计、纪检监察、巡视等监督力量,建立监督工作会商机制,按照事前规范制度、事中加强监控、事后强化问责的原则,加强对国有资本投资、运营公司的统筹监督,提高监督效能。纪检监察机构加强对国有资本投资、运营公司党组织、董事会、经理层的监督,强化对国有资本投资、运营公司领导人员廉洁从业、行使权力等的监督。国有资本投资、运营公司要建立内部常态化监督审计机制和信息公开制度,加强对权力集中、资金密集、资源富集、资产聚集等重点部门和岗位的监管,在不涉及国家秘密和企业商业秘密的前提下,依法依规、及时准确地披露公司治理以及管理架构、国有资本整体运营状况、关联交易、企业负责人薪酬等信息,建设阳光国企,主动接受社会监督。

2. 实施绩效评价。国有资本投资、运营公司要接受政府或国有资产监管机构的综合考核评价。考核评价内容主要包括贯彻国家战略、落实国有资本布局和结构优化目标、执行各项法律法规制度和公司章程,重大问题决策和重要干部任免,国有资本运营效率、保值增值、财务效益等方面。

三、实施步骤

国有资本投资、运营公司试点工作应分级组织、分类推进、稳妥开展,并根据试点进展情况及时总结推广有关经验。中央层面,继续推进国有资产监管机构授权的国有资本投资、运营公司深化试点,并结合本实施意见要求不断完善试点工作。同时推进国务院直接授权的国有资本投资、运营公司试点,选择由财政部履行国有资产监管职责的中央企业以及中央党政机关和事业单位经营性国有资产集中统一监管改革范围内的企业稳步开展。地方层面，试点工作由各省级人民政府结合实际情况组织实施。

四、配套政策

（一）推进简政放权。围绕落实出资人职责的定位，有序推进对国有资本投资、运营公司的放权。将包括国有产权流转等决策事项的审批权、经营班子业绩考核和薪酬管理权等授予国有资本投资、运营公司，相关管理要求和运行规则通过公司组建方案和公司章程予以明确。

（二）综合改革试点。国有资本投资、运营公司所持股国有控股企业中，符合条件的可优先支持同时开展混合所有制改革、混合所有制企业员工持股、推行职业经理人制度、薪酬分配差异化改革等其他改革试点，充分发挥各项改革工作的综合效应。

（三）完善支持政策。严格落实国有企业重组整合涉及的资产评估增值、土地变更登记和国有资产无偿划转等方面税收优惠政策。简化工商税务登记、变更程序。鼓励国有资本投资、运营公司妥善解决历史遗留问题、处置低效无效资产。制定国有资本投资、运营公司的国有资本经营预算收支管理政策。

五、组织实施

加快推进国有资本投资、运营公司改革试点，是深化国有企业改革的重要组成部分，是改革和完善国有资产管理体制的重要举措。国务院国有企业改革领导小组负责国有资本投资、运营公司试点工作的组织协调和督促落实。中央组织部、国家发展改革委、财政部、人力资源社会保障部、国务院国资委等部门按照职责分工制定落实相关配套措施，密切配合、协同推进试点工作。中央层面的国有资本投资、运营公司试点方案，按程序报党中央、国务院批准后实施。

各省级人民政府对本地区国有资本投资、运营公司试点工作负总责，要紧密结合本地区实际情况，制定本地区国有资本投资、运营公司改革试点实施方案，积极稳妥组织开展试点工作。各省级人民政府要将本地区改革试点实施方案报国务院国有企业改革领导小组备案。

国务院

2018 年 7 月 14 日

（此件公开发布）

附录

国务院关于印发改革国有资本授权经营体制方案的通知（国发〔2019〕9号）

各省、自治区、直辖市人民政府，国务院各部委、各直属机构：

现将《改革国有资本授权经营体制方案》印发给你们，请认真贯彻落实。

国务院
2019年4月19日
（此件公开发布）

改革国有资本授权经营体制方案

按照党中央、国务院关于深化国有企业改革的决策部署，近年来，履行国有资本出资人职责的部门及机构（以下称"出资人代表机构"）坚持以管资本为主积极推进职能转变，制定并严格执行监管权力清单和责任清单，取消、下放、授权一批工作事项，监管效能有效提升，国有资产管理体制不断完善。但也要看到，政企不分、政资不分的问题依然存在，出资人代表机构与国家出资企业之间权责边界不够清晰，国有资产监管越位、缺位、错位的现象仍有发生，国有资本运行效率有待进一步提高。党中央、国务院对此高度重视，党的十九大明确提出，要完善各类国有资产管理体制，改革国有资本授权经营体制。为贯彻落实党的十九大精神，加快推进国有资本授权经营体制改革，进一步完善国有资产管理体制，推动国有经济布局结构调整，打造充满生机活力的现代国有企业，现提出以下方案。

一、总体要求

（一）指导思想。以习近平新时代中国特色社会主义思想为指导，全面贯彻党的十九大和十九届二中、三中全会精神，坚持和加强党的全面领导，坚持和完善社会主义基本经济制度，坚持社会主义市场经济改革方向，以管资本为主加强国有资产监管，切实转变出资人代表机构职能和履职方式，实现授权与监管相结合、放活与管好相统一，切实保障国有资本规范有序运行，促进国有资本做强做优做大，不断增强国有经济活力、控制力、影响力和抗风险能力，培育具有全球竞争力的世界一流企业。

（二）基本原则。

——坚持党的领导。将坚持和加强党对国有企业的领导贯穿国有资本授权经营体制改革全过程和各方面，充分发挥党组织的领导作用，确保国有企业更好地贯彻落实党和国家方针政策、重大决策部署。

——坚持政企分开政资分开。坚持政府公共管理职能与国有资本出资人职能分开，依法理顺政府与国有企业的出资关系，依法确立国有企业的市场主体地位，最大限度减少政府对市场活动的直接干预。

——坚持权责明晰分类授权。政府授权出资人代表机构按照出资比例对国家出资企业履行出资人职责，科学界定出资人代表机构权责边界。国有企业享有完整的法人财产权和充分的经营自主权，承担国有资产保值增值责任。按照功能定位、治理能力、管理水平等企业发展实际情况，一企一策地对国有企业分类授权，做到权责对等、动态调整。

——坚持放管结合完善机制。加快调整优化出资人代表机构职能和履职方式，加强清单管理和事中事后监管，该放的放权到位、该管的管住管好。建立统一规范的国有资产监管制度体系，精简监管事项，明确监管重点，创新监管手段，提升监管水平，防止国有资产流失，确保国有资产保值增值。

（三）主要目标。出资人代表机构加快转变职能和履职方式，切实减少对国有企业的行政干预。国有企业依法建立规范的董事会，董事会职权得到有效落实。将更多具备条件的中央企业纳入国有资本投资、运营公司试点范围，赋予企业更多经营自主权。到2022年，基本建成与中国特色现代国有企业制度相适应的国有资本授权经营体制，出资人代表机构与国家出资企业的权责边界界定清晰，授权放权机制运行有效，国有资产监管实现制度完备、标准统一、管理规范、实时在线、精准有力，国有企业的活力、创造力、市场竞争力和风险防控能力明显增强。

二、优化出资人代表机构履职方式

国务院授权国资委、财政部及其他部门、机构作为出资人代表机构，对国家出资企业履行出资人职责。出资人代表机构作为授权主体，要依法科学界定职责定位，加快转变履职方式，依据股权关系对国家出资企业开展授权放权。

（一）实行清单管理。制定出台出资人代表机构监管权力责任清单，清单以外事项由企业依法自主决策，清单以内事项要大幅减少审批或事前备案。将依法应由企业自主经营决策的事项归位于企业，将延伸到子企业的管理事项原则上归位于一级企业，原则上不干预企业经理层和职能部门的管理工作，将配合承担的公共管理职能归位于相关政府部门和单位。

（二）强化章程约束。依法依规、一企一策地制定公司章程，规范出资人代表机构、股东会、党组织、董事会、经理层和职工代表大会的权责，推动各治理主体严格依照公司章程行使权利、履行义务，充分发挥公司章程在公司治理中的基础作用。

（三）发挥董事作用。出资人代表机构主要通过董事体现出资人意志，依据股权关系向国家出资企业委派董事或提名董事人选，规范董事的权利和责任，明确工作目标和重点；建立出资人代表机构与董事的沟通对接平台，建立健全董事人才储备库和董事选聘、考评与培训机制，完善董事履职报告、董事会年度工作报告制度。

（四）创新监管方式。出资人代表机构以企业功能分类为基础，对国家出资企业进行分类管理、分类授权放权，切实转变行政化的履职方式，减少审批事项，强化事中事后监管，充分运用信息化手段，减轻企业工作负担，不断提高监管效能。

三、分类开展授权放权

出资人代表机构对国有资本投资、运营公司及其他商业类企业（含产业集团，下同）、公益类企业等不同类型企业给予不同范围、不同程度的授权放权，定期评估效果，采取扩大、调整或收回等措施动态调整。

（一）国有资本投资、运营公司。出资人代表机构根据《国务院关于推进国有资本投资、运营公司改革试点的实施意见》（国发〔2018〕23号）有关要求，结合企业发展阶段、行业特点、治理能力、管理基础等，一企一策有侧重、分先后地向符合条件的企业开展授权放权，维护好股东合法权益。授权放权内容主要包括战略规划和主业管理、选人用人和股权激励、工资总额和重大财务事项管理等，亦可根据企业实际情况增加其他方面授权放权内容。

战略规划和主业管理。授权国有资本投资、运营公司根据出资人代表机构的战略引领，自主决定发展规划和年度投资计划。国有资本投资公司围绕主业开展的商业模式创新业务可视同主业投资。授权国有资本投资、运营公司依法依规审核国有资本投资、运营公司之间的非上市公司产权无偿划转、非公开协议转让、非公开协议增资、产权置换等事项。

选人用人和股权激励。授权国有资本投资、运营公司董事会负责经理层选聘、业绩考核和薪酬管理（不含中管企业），积极探索董事会通过差额方式选聘经理层成员，推行职业经理人制度，对市场化选聘的职业经理人实行市场化薪酬分配制度，完善中长期激励机制。授权国有资本投资、运营公司董事会审批子企业股权激励方案，支持所出资企业依法合规采用股票期权、股票增值权、限制性股票、分红权、员工持股以及其他方式开展股权激励，股权激励预期收益作为投资性收入，不与其薪酬总水平挂钩。支持国有创业投资企业、创业投资管理企业等新产业、新业态、新商业模式类企业的核心团队持股和跟投。

工资总额和重大财务事项管理。国有资本投资、运营公司可以实行工资总额预算备案制,根据企业发展战略和薪酬策略、年度生产经营目标和经济效益,综合考虑劳动生产率提高和人工成本投入产出率、职工工资水平市场对标等情况,结合政府职能部门发布的工资指导线,编制年度工资总额预算。授权国有资本投资、运营公司自主决策重大担保管理、债务风险管控和部分债券类融资事项。

政府直接授权的国有资本投资、运营公司按照有关规定对授权范围内的国有资本履行出资人职责,遵循有关法律和证券市场监管规定开展国有资本运作。

(二)其他商业类企业和公益类企业。对未纳入国有资本投资、运营公司试点的其他商业类企业和公益类企业,要充分落实企业的经营自主权,出资人代表机构主要对集团公司层面实施监管或依据股权关系参与公司治理,不干预集团公司以下各级企业生产经营具体事项。对其中已完成公司制改制、董事会建设较规范的企业,要逐步落实董事会职权,维护董事会依法行使重大决策、选人用人、薪酬分配等权利,明确由董事会自主决定公司内部管理机构设置、基本管理制度制定、风险内控和法律合规管理体系建设以及履行对所出资企业的股东职责等事项。

四、加强企业行权能力建设

指导推动国有企业进一步完善公司治理体系,强化基础管理,优化集团管控,确保各项授权放权接得住、行得稳。

(一)完善公司治理。按照建设中国特色现代国有企业制度的要求,把加强党的领导和完善公司治理统一起来,加快形成有效制衡的公司法人治理结构、灵活高效的市场化经营机制。建设规范高效的董事会,完善董事会运作机制,提升董事会履职能力,激发经理层活力。要在所出资企业积极推行经理层市场化选聘和契约化管理,明确聘期以及企业与经理层成员双方的权利与责任，强化刚性考核，建立退出机制。

（二）夯实管理基础。按照统一制度规范、统一工作体系的原则，加强国有资产基础管理。推进管理创新，优化总部职能和管理架构。深化企业内部三项制度改革，实现管理人员能上能下、员工能进能出、收入能增能减。不断强化风险防控体系和内控机制建设，完善内部监督体系，有效发挥企业职工代表大会和内部审计、巡视、纪检监察等部门的监督作用。

（三）优化集团管控。国有资本投资公司以对战略性核心业务控股为主，建立以战略目标和财务效益为主的管控模式，重点关注所出资企业执行公司战略和资本回报状况。国有资本运营公司以财务性持股为主，建立财务管控模式，重点关注国有资本流动和增值状况。其他商业类企业和公益类企业以对核心业务控股为主，建立战略管控和运营管控相结合的模式，重点关注所承担国家战略使命和保障任务的落实状况。

（四）提升资本运作能力。国有资本投资、运营公司作为国有资本市场化运作的专业平台，以资本为纽带、以产权为基础开展国有资本运作。在所出资企业积极发展混合所有制，鼓励有条件的企业上市，引进战略投资者，提高资本流动性，放大国有资本功能。增强股权运作、价值管理等能力，通过清理退出一批、重组整合一批、创新发展一批，实现国有资本形态转换，变现后投向更需要国有资本集中的行业和领域。

五、完善监督监管体系

通过健全制度、创新手段，整合监督资源，严格责任追究，实现对国有资本的全面有效监管，切实维护国有资产安全，坚决防止国有资产流失。

（一）搭建实时在线的国资监管平台。出资人代表机构要加快优化监管流程、创新监管手段，充分运用信息技术，整合包括产权、投资和财务等在内的信息系统，搭建连通出资人代表机构与企业的网络平台，实现监管信息系统全覆盖和实时在线监管。建立模块化、专业化的信息采集、分析和报告机制,加强信息共享,增强监管的针对性和及时性。

(二)统筹协同各类监督力量。加强国有企业内部监督、出资人监督和审计、纪检监察、巡视监督以及社会监督,结合中央企业纪检监察机构派驻改革的要求,依照有关规定清晰界定各类监督主体的监督职责,有效整合企业内外部监督资源,增强监督工作合力,形成监督工作闭环,加快建立全面覆盖、分工明确、协同配合、制约有力的国有资产监督体系,切实增强监督有效性。

(三)健全国有企业违规经营投资责任追究制度。明确企业作为维护国有资产安全、防止流失的责任主体,健全内部管理制度,严格执行国有企业违规经营投资责任追究制度。建立健全分级分层、有效衔接、上下贯通的责任追究工作体系,严格界定违规经营投资责任,严肃追究问责,实行重大决策终身责任追究制度。

六、坚持和加强党的全面领导

将坚持和加强党的全面领导贯穿改革的全过程和各方面,在思想上政治上行动上同党中央保持高度一致,为改革提供坚强有力的政治保证。

(一)加强对授权放权工作的领导。授权主体的党委(党组)要加强对授权放权工作的领导,深入研究授权放权相关问题,加强行权能力建设,加快完善有效监管体制,抓研究谋划、抓部署推动、抓督促落实,确保中央关于国有资本授权经营体制改革的决策部署落实到位。

(二)改进对企业党建工作的领导、指导和督导。上级党组织加强对国有企业党建工作的领导,出资人代表机构党组织负责国家出资企业党的建设。国家出资企业党组织要认真落实党中央、上级党组织、出资人代表机构党组织在党的领导、党的建设方面提出的工作要求。在改组组建国有资本投资、运营公司过程中,按照"四同步""四对接"的要求调整和设置党的组织、开展党的工作,确保企业始终在党的领导下开展工作。

(三)充分发挥企业党组织的领导作用。企业党委(党组)要切实发挥领导作用,把方向、管大局、保落实,依照有关规定讨论和决定企业重大事项,并作为董事会、经理层决策重大事项的前置程序。要妥善处理好各治理主体的关系,董事会、经理层等治理主体要自觉维护党组织权威,根据各自职能分工发挥作用,既要保证董事会对重大问题的决策权,又要保证党组织的意图在重大决策中得到体现。董事会、经理层中的党员要坚决贯彻落实党组织决定,向党组织报告落实情况。在推行经理层成员聘任制和契约化管理、探索职业经理人制度等改革过程中,要把坚持党管干部原则和发挥市场机制作用结合起来,保证党对干部人事工作的领导权和对重要干部的管理权,落实董事会、经理层的选人用人权。

七、周密组织科学实施

各地区、各部门、各出资人代表机构和广大国有企业要充分认识推进国有资本授权经营体制改革的重要意义,准确把握改革精神,各司其职、密切配合,按照精细严谨、稳妥推进的工作要求,坚持一企一策、因企施策,不搞批发式、不设时间表,对具备条件的,成熟一个推动一个,运行一个成功一个,不具备条件的不急于推进,确保改革规范有序进行,推动国有企业实现高质量发展。

(一)加强组织领导,明确职责分工。国务院国有企业改革领导小组负责统筹领导和协调推动国有资本授权经营体制改革工作,研究协调相关重大问题。出资人代表机构要落实授权放权的主体责任。国务院国有企业改革领导小组各成员单位及有关部门根据职责分工,加快研究制定配套政策措施,指导推动改革实践,形成合力共同推进改革工作。

(二)健全法律政策,完善保障机制。加快推动国有资本授权经营体制改革涉及的法律法规的立改废释工作,制定出台配套政策法规,确保改革于法有据。建立健全容错纠错机制,全面落实"三个区分开来",充分调动和激发广大干部职工参与改革的积极性、主动性和创造性。

(三)强化跟踪督导,确保稳步推进。建立健全督查制度,加强跟踪督促，定期总结评估各项改革举措的执行情况和实施效果，及时研究解决改革中遇到的问题，确保改革目标如期实现。

（四）做好宣传引导，营造良好氛围。坚持鼓励探索、实践、创新的工作导向和舆论导向，采取多种方式解读宣传改革国有资本授权经营体制的方针政策，积极宣介推广改革典型案例和成功经验，营造有利于改革的良好环境。

各省（自治区、直辖市）人民政府要按照本方案要求，结合实际推进本地区国有资本授权经营体制改革工作。

金融、文化等国有企业的改革，按照中央有关规定执行。

主要参考文献

[1] 黄炜. 国有资产管理 [M]. 上海：上海财经大学出版社, 2019.

[2] 刘现伟, 李红娟. 国有资产监管权力分配与制衡 [M]. 北京：中国政法大学出版社, 2017.

[3] 马骏, 张文魁. 国有资本管理体制改革研究 [M]. 北京：中国发展出版社, 2015.

[4] 年志远. 中国国有资产管理体制创新研究 [M]. 北京：经济科学出版社, 2015.

[5] 邵春保. 国资监管格局 [M]. 北京：中国经济出版社, 2013.

[6] 王红军. 推进经营性国有资产集中统一监管实践与思考 [J]. 国有资产管理, 2019（09）：31 - 34.

[7] 刘青山. 六方面推进"大格局""一盘棋"更好落地——专访国务院国资委政策法规局负责同志 [J]. 国资报告, 2019（08）：44 - 47.

[8] 郑凯平. 以"管资本"为主的国资监管体制改革迈出关键一步 [J]. 产权导刊, 2019（08）：26 - 28.

[9] 周丽莎. "以管资本为主"完善国有资产监管方式的概念内涵 [J]. 政治经济学季刊, 2019, 2（02）：1 - 12.

[10] 万国华, 甘术志. 委托代理视角下新加坡国有控股公司的董事选任制度设计及其启示 [J]. 未来与发展, 2019, 43（01）：50 - 55.

[11] 漆思剑. 否定之否定：国资委监管职能之未来回归 [J]. 江西社会科学, 2019, 39（01）：166 - 173.

［12］曹骏，魏珂，栗洁，凌莉，吴鸣．湖北省国有资产监管模式的研究——以"管资本"为主，提升湖北省国有资产管理效能［J］．武汉冶金管理干部学院学报，2018，28（02）：14-16.

［13］李俊峰，李金林．国有企业再生产—资本运营投资多阶段决策模型［J］．数理统计与管理，2005（04）：100-104.

［14］杜天佳．世界各国国有资产监管法律之比较［J］．产权导刊，2005（08）：52-53，56.

［15］王永华．完善企业国有资产监管政策法规的思考［J］．财政监督，2011（04）：46-48.

［16］郭金良．契约视角下企业国有资产法律监管研究［J］．法学论坛，2018，33（02）：109-118.

［17］刘纪鹏，岳凯凯．面对沪港通：避免"夜郎自大"切勿"盲人摸象"［J］．清华金融评论，2015（02）：45-48.

［18］陈平花．经营性国有资产集中统一监管的路径探讨［J］．牡丹江大学学报，2016，25（09）：71-74.

［19］刘琼芳．经营性国有资产统一监管的改革思路［J］．河北北方学院学报（社会科学版），2017，33（03）：58-62.

［20］钱颖一．企业的治理结构改革和融资结构改革［J］．经济研究，1995（01）：20-29.

［21］吴敬琏．建设法治的市场经济［J］．经济体制改革，2003（06）：18-20.

［22］周放生．新体制下的授权经营［J］．上海国资，2005（03）：16.

［23］文宗瑜，宋韶君．"十三五"国资国企改革攻坚战［J］．董事会，2016（02）：32-37.

［24］杨瑞龙，周业安．交易费用与企业所有权分配合约的选择［J］．经济研究，1998（09）：30-39.

［25］张再生，李鑫涛．治理体系现代化的路径探索——基于天津市行政管理体制改革实践的分析［J］．行政管理改革，2016（10）：50-55.

［26］林毅夫．国有投资公司与国有资本的市场化［J］．经济研究

参考，2001（01）：32-38.

[27] 荣兆梓. 改革大国资委体制的几点思考 [A]. 吉林大学中国国有经济研究中心、吉林大学经济学院. 国有经济论丛（2012）——深入推进国有经济战略性调整 [C]. 吉林大学中国国有经济研究中心、吉林大学经济学院：吉林大学中国国有经济研究中心，2012：3.

[28] 荣兆梓. 国有资产管理体制进一步改革的总体思路 [J]. 中国工业经济，2012（01）：16-25.

[29] 中国宏观经济分析与预测课题组，杨瑞龙. 新时期新国企的新改革思路——国有企业分类改革的逻辑、路径与实施 [J]. 经济理论与经济管理，2017（05）：5-24.

[30] 张晓文，李红娟. 国有资产的流转与流失问题辨析 [J]. 经济纵横，2016（09）：41-46.

[31] 王曙光，王天雨. 国有资本投资运营公司：人格化积极股东塑造及其运行机制 [J]. 经济体制改革，2017（03）：116-122.

[32] 郭春丽. 组建国资投资运营公司，加快完善国有资本管理体制 [J]. 经济纵横，2014（10）：4-7.

[33] 邵宁. 实现国有企业和市场经济的融合——学习《关于深化国有企业改革的指导意见》[J]. 经济导刊，2015（12）：20-29.

[34] 杨雪原. 论以管资本为主的国有资产监管体制 [J]. 新乡学院学报，2017，34（01）：60-62.

[35] 庞红军. 构建国有资产管理新体制 [J]. 财经界（学术版），2016（16）：98，322.

[36] 张桂芳. 以"管资本"为主的国有资产监管改革路径与措施——对上海市国有企业中高级管理人员的调研思考 [J]. 西部论坛，2017，27（04）：66-73.

[37] 王广辉，杨光. 论国有资本收益全民共享的宪法定位 [J]. 江汉论坛，2017（03）：131-135.

[38] 刘国根. 当前行政事业单位国有资产管理存在的问题及对策建议 [J]. 财政与发展，2006（04）：45-46.

[39] 魏芳. 行政事业性国有资产管理改革探析 [J]. 财经界（学术版），2010（03）：2-3.

[40] 王莉. 行政事业单位资产管理关键环节刍议 [J]. 行政事业资产与财务, 2018 (24): 5-6.

[41] 谢冀源. 行政事业单位资产清查存在的问题和对策研究——以荆门市为例 [J]. 行政事业资产与财务, 2018 (01): 5-6.

[42] 徐瑞娥. 深化行政事业单位国有资产管理体制改革的观点综述 [J]. 经济研究参考, 2007 (06): 41-45.

[43] 张正银. 关于加强县级行政事业单位国有资产管理的思考 [J]. 纳税, 2018, 12 (33): 245-246.

[44] 郑莲. 行政事业单位国有资产管理改革研究 [J]. 商业会计, 2013 (06): 109-111.

[45] 徐红新. 浅谈行政事业单位固定资产管理存在的问题及对策 [J]. 行政事业资产与财务, 2014 (05): 13, 14-15.

[46] 顾中梅. 行政事业单位国有资产管理新模式探讨 [J]. 经贸实践, 2018 (23): 146.

[47] 邓晓兰, 王晓芳, 曹江. 行政事业单位国有资产管理体制改革的两种模式 [J]. 财会月刊, 2004 (24): 57-58.

[48] 林森. 行政事业单位"非转经"管理问题研究 [D]. 厦门大学, 2006.

[49] 吴晓霞. 行政事业单位办公用房配置标准探索 [J]. 行政事业资产与财务, 2013 (17): 7, 14-15.

[50] 张恒, 李敏. "放管服"背景下高校经营性资产管理工作思考 [J]. 行政事业资产与财务, 2018 (19): 10-11.

[51] 李南山. 上海国企改革40年: 回顾、演进与反思 [J]. 上海市经济管理干部学院学报, 2019, 17 (01): 1-10.

[52] 张宁, 才国伟. 国有资本投资运营公司双向治理路径研究 [J]. 管理世界, 2021.37 (01). 108-127+13.